ENTRE LOS LATINOS DE AMERICA

MONSENOR BAUDRILLART
Obispo titular de Himeria
Rector de la Universitad catolica de Paris
De la Academia francesa

ENTRE LOS LATINOS DE AMERICA

IMPRESIONES DE LA ARGENTINA, DEL URUGUAY Y DE CHILE EN 1922

PARIS
LIBRAIRIE BLOUD & GAY
3, rue Garancière
1925

PROLOGO

La ignorancia, y aun pudiera decirse la indiferencia, en que se mantienen los franceses desde hace largo tiempo respecto a la América del Sur, aparece hoy a mis ojos como una escandalosa injusticia. Recuerdo siempre el estupor que nos produjo a los estudiantes de mi geneneración el tema de historia que se nos dió en el Concurso general de 1877 para la clase de filosofia: « La emancipación de las colonias españolas de la América del Sur ». *Casi todos los concurrentes abandonaron el local porque la mayor parte de los profesores habian omitido tratar este asunto. Aun en el dia de hoy nuestros manuales no consagran a esta epopeya de la creación de un nuevo mundo mas que algunas lineas, con harta frecuencia tan inexactas como vagas.*

Consideramos de buen tono esta indiferencia por tratarse de hombres que, mas que otros algunos, son hermanos nuestros por la sangre, por la cultura, por la religión? No tendremos nunca en suestron libros universitàrios emoción y ternura mas que para los « peregrinos » protestantes de la América del Norte? Nos imaginamos acaso que miradas de cerca las batallas y las rivalidades en que se usó el magnànimo genio de un Washington pertenecen a otro órden de grundeza que los combates de donde salieron independientes veinte repùblicas sud-americanas?

Concedo que los Estados Unidos se mezclaron mas en nuestra historia, y ejercieron mas pronto influencia en el mundo, pero sepamos reservar nuestra parte de simpatia a los que, mucho mas que los anglo-sajones del Norte, dependen del pensamiento francés y que si no fueron en sus principios ayudados oficialmente por nuestras armas, si lo fueron por nuestros escritos, como verdaderos hijos de la civilización hispana y francesa.

Si a imitacion de ilustres predecesores mios, viajeros y escritores me he decidido a publicar las reflexiones que me ha sugerido mi estancia por rápida que haya sido en la America del Sur — reflexiones que a continuación verán traducidas nuestros amigos — lo he hecho con objeto de reaccionar contre tamaña injusticia haciendo ver a mis compatriotas las peligrosas consecuencias a que podria conducirnos si perseverabamos en ella.

Seguramente no he podido visitar más que la parte meridional de aquella inmensa región debiendo prescindir de todos los estados del Norte y aún del magnifico Perú. Dios sabe sin embargo cuanto hubiera yo gozado recorriendo aquel país, manifestando a todos los que en él se unieron durante la gran guerra a nosotros para defender el Derecho con cuanto motivo debemos estarles reconocidos.

Del grande y simpático Brasil no he visto mas que dos puertas, la de Sautos y la de Rio-Janeiro, pero qué puerta esta última y sobre cuantas maravillas se abre! Todo lo que los libros, et grabado y la fotografia habian acumulado en mi cerebro en punto a ideas y a imagenes, lo ha dejado muny atrás et contacto con la realided. Verdaderamente no hay en el mundo paisage mas imponente ni deslumbrador que él de la rada de Rio con el marco de montañas de fantasticas formas, formas casi animales o humanas que la dominan.

En presencia del « Corcovado », mi compañero de viaje el Sr. Le Goffic que siempre rinde culto a la literatura, no pudo menos de evocar et remerdo del gigante Adamastor en la epopeya del sublime poeta nacional Camoens:

Converte-se-me a carne em terra dura,
Em penedos os ossos se fizeram ;
Estes membros que vês e esta figura
Por estas longas aguas se estenderam :
Em fim, minha grandissima estatura
Neste remoto cabo converteram
Os deoses ; e por mais dobrados magoas,
Me anda Thetis cercando destas agoas.

Detrás du « Pilon de Azucar », cono gigantesco que se alza a la entrada de la bahia, se extiende en forma de abanico la ciudad coronada de cúpulas, de campanarios y de palmeras reales insinuandose en los valles escalando los montes y dejandose invadir por la avasalladora floresta.

Nunca se celebrará bastante el esplendor de aquel paseo de Tyũca y de la Cornisa a les puertas de la ciudad, de aquelles tumultuosas montañas, de aquella selva impenetrable de arboles potentes siempre verdes y siempre enbiertos de flores de colores maravillosos, de aquel mar majestuoso y brillante que centellea en el horizonte, de aquelles cascadas siempre frescas cuyo murmullo embelesa los oidos.

Como sobre todo no sentirse commovido por tantas simpatias hacia nuestro pais, por aquel amor a la lengua francesa fomentado por nuestros religiosos y religiosas invitados por los mismos brasileños a enseñar en nuestro idioma?

Nunca he de olvidar la recepción con que fui honrado la tarde de un domingo durante une corta escala por la Academie brasileña ; cuantas flores y cuanta cordialidad !

En torno a le mesa presidencial, heeha de ricas maderas preciosas y cubierta de deliciosos claveles rojos que perfumaban el salón, se sentaban además del Presidente de la Academia — que por grata coiccidencia lo era tambien del circulo catolico — todos los dignatarios de la docta corporación ; dicho Presidente agitataba una de aque-

llas encantadoras flores en su dietra como para subrayar sus palabras. Asistian tambien al acto el cardenal Arcoverde de Alburquerque, el nuncio, Monseñor Gaspari, sobrino del cardenal Secretario de Estado, el coadjutor de Rio, Mñor. Leme ; el obispo de Matto-Grosso, Monsr. Malan, religioso francés ; la señora del presidente de la Republica ; nuestro embajador M. Conty y casi todo el cuerpo diplomático ; en una palabra, multitud de personas de la primera sociedad capaz de comprender hasta los ultimos perfiles de mi discurso pronunciado naturalmente en francés.

Con tanta exactitud como tacto, el presidente recordó mi carrera de escritor de sacerdote y de obispo y supo elogiar a la Academia Francesa, trazando su historia a través de los siglos, y celebrar las glorias de Francia con acentos inimitables.

Frente a la mesa presidencial se hbia instalado para mi una elegante tribuna. Mi busto surgiía como de un ramillete de flores, y al ir a tomar le palibra, me vino a las mientes el recuerdo de mi recepción en la Academia francesa ; y vi ee espiritu aquella pobre sala, triste capilla profanada, aquellos duros y miserables bancos, aquel palo de madera donde se coloca la ordinaria tablilla que ha de soportar et tradicional vaso de agna... A la verdad, no me sentia muy ufano de la célebre « cupula »...

Hablé de la actitud de Francia en et problema mundial ; nacional, económico, moral y religioso. *Cuando evoqué la voz de los muertos de la guerra, vi correr lágrimas de muchos ojos, tan grande es la influencia del sentimiento sobre aquel pueblo generoso.*

Todo aquello no fué mas que una rapdu visión, sin embargo, bastante intensa para inspirarme el más vivo deseo de consagrar, si Dios lo permite, todo un viaje de estudios al Brasil.

La misión que se me habia encomendado se limitaba a la Argentina y al Uruguay, si bien luego la hice extensiva a Chile por las razones que se expondrán mas adelante.

Misión compleja y delicada, que no tenia como único fin et llevar a estos poises, con mi querido amigo Le Goffic, la palabra de Francia sobre aunntos de literatura, de moral o de religión, sino tumbien de vengar a mi pais de algunas acusaciones lanzadas contra él con tanto encarnizamiento como perfidia.

La acogida que se dispensó a esos misioneros franceses superó a todas nuestras esperanzas. Mucho me complaceria contar este viaje en detalle y decir lo que debemos a todos y a cada uno, haciendo tocar con el dedo la grandeza y la delicadeza con que se nos ha tratado. A todos doy las gracias del fondo de mi corazón, de este corazón que hasta que cese de latir se sentirá atraido hacia estos paises, a los que vine para hacer amar a Francia y a los que he concluido por amar entrañablemente.

Muches cosas han cambiado desde los primeros meses de 1923 en que redacté las impresiones generales que me producia et viaje. No he querido sin embargo modificar el plan que me tracé entonces. Lo que se pide a un viajero es que anote con exactitud y con verdad lo que llama la atención en un pais en el momento en que lo visita sin descender a consideraciones retóricas.

El lector verá como han aparecido a mi vista el Uruguay la Argentina y Chile desde julio a octubre de 1922. Todo mi libro se encierra en estas palabras. No soy más que un humilde testigo, pero testigo sincero, simpático y apasionadamente dominado por et deseo de que se establezca et más intimo acuerdo entre Francia y sus hermanos latinos de la America del Sur

† *Alfredo BAUDRILLART*

Seame permitido manifestar mi gratitud el Señor Conde D. Francisco Melgar que, maestro en la lengua castellana, ha tenido a bien consagrar ni talento a traducir mis paginas publicadas en « La Revue des Deux Mondes » en Noviembre y Diciembre de 1923 y en el « Correspondant » en Febrero y Marzo de 1924.

ENTRE LOS LATINOS DE AMERICA

IMPRESIONES DE LA ARGENTINA, DEL URUGUAY, Y DE CHILE EN 1922

ARGENTINA Y URUGUAY

Pocas imprudencias habrá mayores que la de aventurarse, cuando se ha desempeñado una misión en el extranjero, a narrarla al público. Con la mejor voluntad del mundo se corre grave riesgo de comprometer sus resultados. Si todo se alaba los unos os tomarán por adulador, los otros por iluso, y quiera Dios que no haya quien os califique de vendido. Si insinuais alguna critica, o simplemente una leve reserva, los que os acogieron con los brazos abiertos os tildarán de ingrato, cuando no de calumniador del pais que os dió generosa hospitalidad. La mas insignificante de vuestras palabras se pasará por el tamiz para ver si debajo de ella no hay oculta una serpiente.

Con la circunstancia agravante de que las viejas naciones europeas, sobre las cuales se ejercitan los juicios de los hombres desde hace tantos siglos, no conceden a esas cosas más que una importancia muy relativa. Escuchan con oido distraido la opinión de los que pasan, y pronto se borra de su memoria. Pero las naciones jóvenes, las que no han conquistado todavia por completo el sitio a que aspiran en el mundo, y que desean figurar en él con dignidad, tienen la epidermis muy delicada y su susceptibilidad es grande.

A pesar de todo lo que precede y contra mi costumbre, voy a cometer la imprudencia que denuncio y hablar, pero hablar sinceramente, de lo que he visto. Hay para Francia un interés de primer órden en conocer la América del Sur, cuyo papel irá adquiriendo cada dia mayor importancia en la escena del mundo. Importa a todos que no vivamos sobre leyendas, o sobre opiniones convencionales. Por otra parte los paises que he reccorrido han conquistado hasta tal punto mi corazón, que mi lenguaje, aunque aqui y alli les parezca un tanto severo, no podria menos de revelarles la estima y el cariño que les profeso. La parte del bien es tan àmplia que algunas ténues sombras no disminuirán lo luminoso del conjunto, estando seguro de que mi relato conquistará la simpatia, y de la misma simpatia razonada pueden resultar entre nuestros respectivos paises relaciones mas sólidas y mas estrechas.

*
**

« Vais a descubrir a América », me solia decir siempre que me encontraba en algun salón de Buenos Aires, el respetable representante de una potencia vecina. « Nada de eso, le contestaba yo: cierto que es la primera vez que visito las orillas del rio de la Plata, pero sin vanidad puedo decir que he estudiado bastante, que he enseñado historia y geografia, que leo continuamente periódicos y revistas, y con frecuencia he tropezado aun por los circulos de Paris con muchos de vuestros amables compatriotas y sé perfectamente, aunque algunos de vosotros me sospechais de creer lo contrario, que distais mucho de llevar plumas en la cabeza. « Si, si, replicaba mi contradictor ! vais a descubrir a América ! »

Nada de eso : ni he descubierto a América ni abrigo la pretensión de hacersela descubrir a nadie. El que espere de un viajero viniendo de aquellas tierras « revelaciones », se expone a la mas completa decepción. A no ser que venga de las regiones màs remotas y menos exploradas del interior del continente, le será muy dificil, no ya sólo decir nada nuevo, sino hasta despertar la curiosidad del lector con descripciones y rasgos de costumbres originales y pintorescas.

El Francés que desembarca en New-York siente enseguida que entra en un mundo nuevo. La lengua, el temperamento, los hábitos religiosos, la manera con que alli se tratan los hombres y los negocios, el aspecto mismo de las calles y de las casas, todo contribuye a desorientarle, y todo atrae su atención como cosa no vista antes.

Sin duda la América del Norte sabe lo que debe a Europa, pero no tiene el menor empeño en parecersela considerándola como una abuela respetable, doblegada bajo el peso de los años, de la tradición y de las preocupaciones.

La América del Sur, por el contrario, se glorifica de que se la tome por auténtica y buena europea.

A la verdad a ello tiene derecho. El europeo de raza latina que desembarca en Buenos Aires, no sólo encuentra una acogida fraternal, segun yo personalmente puedo atestiguar, sino que siente la impresión de que entra en su hogar.

El ilustre General Caviglia uno de los vencedores de los austriacos decia al Ministro de Francia : « Aqui me siento en Italia » y añadia : « por otro lado, las tres cuartas partes de la gente que aqui codeo son de mi pais ».

Excepto la proporción, que es menor, los españoles y los franceses pueden decir lo mismo. La América latina y especialmente la Argentina y el Uruguay, son, salvo pequeñas diferencias, idénticas a la Europa occidental y meridional.

Entre sus habitantes y nosotros existen los lazos màs fuertes que pueden unir a los hombres, comunidad de raza, communidad de cultura, communidad de religión y de hábitos sociales y por último influencias actuales y permanentes.

Fijaremos la atención en todos estos puntos.

CAPITULO I

COMUNIDAD DE RAZA: la Argentina y el Uruguay paises Latinos.

Prescindiendo de una fuerte colonia siriaca y de otra colonia judia, que va progresando [1], las razas que constituyen hoy el fondo de la Argentina y el Uruguay son europeas.

No se extrañe el lector de que ponga en parangón las dos repùblicas, de tan desiguales dimensiones, que ocupan les orillas inferiores del rio de la Plata. El Uruguay conquistó su independencia en 1828 y está resueltamente decidido a mantenerla, mientras que la Argentina no se consuela aun de haber perdido aquel hermoso florón de la *banda oriental* del virreinato de Buenos Aires. Es Vd. argentina? pregunté yo un dia a una jóven religiosa. « No señor, me replicó con melódica voz: soy *oriental* ». Naturalmente no me imaginé por eso que era de Siria. Aunque separada de la Argentina y protegida por la rivalidad de esta gran repùblica y el Brasil, el Uruguay apenas se distingue esencialmente de su poderosa vecina. Montevideo y Buenos Aires, si bien cuentan con una cifra de población muy diferente, son dos capitales latinas de primer orden.

Cuatro elementos principales han contribuido desde el siglo XVI, aunque en proporciones muy diversas, segun los tiempos, a poblar

1. Desde algún tiempo, se transportan regularmente en la Argentina caravanes de judios de la Europa central u oriental.

la Argentina y el Uruguay : los españoles, los vascos, los italianos y los franceses.

En lo pasado dominaron los dos primeros. Hoy dia el tercero es el que predomina con mucho. Véanse como prueba de ello las cifras que la estadistica hecha por Alberto Martinez arroja para la Argentina en el periodo normal de 1854 a 1912, es decir, entre el final de la dictadura del que por alli llaman el tirano Rosas y la guerra europea : Colonia italiana 2.133.738 ; española : 1.297.892 ; francesa : 206.912 ; austro-hungara, 80.736 ; alemana, 55.068 : inglesa 51.660 : suiza, 31.624 ; belga 22.186 : de otras nacionalidades 568.529.

La colonia siriaca asciende hoy a 120.000 habitantes, de ellos 50.000 musulmanes, advirtiendose que en esta estadistica los vascos, que no bajan de 250.000 figuran, segun su nacionalidad politica, ora entre los españoles ora entre los franceses a pesar de que son un elemento *sui generis*, asi como los polacos se destribuyen entre los austro-húngaros y los alemanes [1].

La raza española conserva su supremacia. Gracias a su vigoroso temple, según he probado en otra ocasión [2] ha trasmitido y sigue trasmitiendo bajo sus rasgos esenciales, su sangre, su lengua y su espiritu al mundo nuevo creado por ella. Desde el Misisipi hasta la tierra del Fuego dominando, « informando » a los otros elementos, sin destruirlos, ha constituido naciones que son las antiguas redivivas Castilla, Aragón, Navarra, y el pais vasco, Portugal, en una palabra la antigua é idéntica Iberia. Hoy sin embargo el aluvión de las clases superiores españolas en la Argentina es de escasisima importancia, por lo que atañe al número. Apenas emigran a las orillas del Plata mas que gentes pobres, muy pobres, de las provincias meridionales, de Andalucia y Murcia o gallegos,

1. Alberto Martinez, antiguo subsecretario de Estado en el ministerio de Hacienda y Mauricio Lewandowski, doctor en derecho han publicado en la libreria Colin en 1906 un volumen « *L'Argentine au XXe siècle* » con una introducción por Carlos Pellegrini, antiguo Presidente de la Republica Argentina.

2. En el Elogio de Garcia Moreno, Bloud y Gay, 1922.

la mayor parte desprovistos del sentido de independencia, que sólo aspiran desde que desembarcan a colocarse como criados y a llevar vida sosegada. Tambien hay catalanes muy activos y emprendedores, pero que se resisten algo a que se les considere como españoles. A mí Francés, me hicieron la más entusiasta acogida en sus circulos especiales.

No importa! Alli vive el pasado. El español es el amo de antaño, y muchas veces el heredero de antiguas familias, constituyendo, por lo tanto, la aristocracia. Pasar por español es lisongero. Bien lo sabe el italiano, que llega allá en la cala de un navio, pobre inmigrante, humilde campesino, modesto artista, simple obrero, y que acaba de abandonar alguna aldea de su tierra, pletórica de población. Hoy el italiano forma la mayoria numérica en la Argentina, pero a medida que va elevàndose tiende a fundirse con el español. Pocos dias le bastan para apprender una lengua tan parecida a la suya, y no muchos años para transformar su apellido : un Bianchi no tarda en convertise en un Blanco, renegando con facilidad los hijos de sus padres. Seguirá sucediendo asi siempre ? Sospecho que no, si los elementos populares, agrupados en sus escuelas, bajo maestros italianos llegan a adquirir conciencia de su propia fuerza y de la creciente irradiación de su patria de origen.

La admirable raza vasca es una de las piezas mas importantes del edificio étnico que estoy describiendo, y me refiero indistintamente a los vascos franceses y a los españoles, que alli no forman mas que un todo homogéneo, lo mismo que los catalanes de las dos vertientes de los Pirineos. Mucho les debe la Argentina, a la que han llevado su apasionado gusto del pastoreo, una de sus notas caracteristicas, introduciendo además la cria caballar, regularizando y perfeccionando el esquileo de los carneros, en beneficio del comeréio de la lana y formando la venta de los cueros asi como la conservación de las carnes para la exportación, mejoras que explican las proverbiales fortunas de algunos de ellos.

Hay, por supuesto, familias vascas que no ceden en nobleza a los mas antiguos linajes castellanos. Muchos nombres podria citar a este propósito, y si no lo hago es porque temo incurrir en olvidos involuntàrios, que podrian mortificar a los omitidos[1].

Como importancia numérica los franceses ocupan el cuarto puesto, franceses de todas las provincias, pero sobre todo de los Pirineos y de algunas regiones de los Alpes. Pocos de ellos han subido al primer rango, mereciendo citarse entre ellos a los Portalis, descendientes del illustre hombre de Estado, los Hillaret, los Nougués, y algunos otros[2]. La mayor parte ocupan posiciones intermedias pero me complazco en declarar que en general representan con amor a nuestro pais, y a pesar de la distancia y de los años transcurridos, conservan las cualidades esenciales de nuestra raza. La visita de los representantes de Francia, les es siempre grata y provechosa, ayundándoles a disipar ciertas preocupaciones que aún conservan de la época en que abandonaron la madre Patria, y el recuerdo demasiado reciente todavia de las querellas intestinas que han dividido a los franceses.

Como se vé la inmensa mayoria de los habitantes es no sólo europea, sino europea meridional. Los ingleses apenas exceden de 50.000, y aparte algunas familias, que se han vuelto del todo argentinas, tienen la reputación de ser refractarios a fundirse con la masa de la población, la cual reconoce siempre su origen por su indeleble acento.

Los alemanes son mas dúctiles y flexibles. Aunque bastante agrupados en ciertas regiones, por ejemplo, en el Sur o entre Rosario y Santa Fé donde forman con frecuencia « vereine » no

1. El Rev. Padre Lhande, en su libro *La emigración vasca*, Paris, 1910, dà a este propósito curiosos detalles. En el prefacio D. Carlos Pellegrini, antiguo presidente de la República Argentina, se entretiene en anotar los nombres que habia leido escritos en las casetas de baños de la playa de San Sebastien, y que eran los mismos que pueden leerse en los célebres baños de mar argentinos del Mar de la Plata, los Irigoyen, los Anchorena, los Casares, los Urquiza, los Iriondos, los Vrzue, los Azenenayor, los Vrdaondo, los Olazabal, los Madariaga, etc., casi todos los grandes nombres de la Argentina.

2. No hablo más que de las familias establecidas desde hace mucho tiempo en el país y que ya son argentinas. En Buenos Aires, he encontrado muchos franceses de distinción pertenecientes a nuestra colonia.

constituyen hasta ahora, un cuerpo homogéneo en Argentina, y están lejos, a pesar de su espiritu laborioso y organizador, de ejercer una influencia análoga a la que poseén en Chile y en el Brasil.

Algunos hombres de Estado, entre ellos uno de los que ocupan actualmente el poder, desearian para corregir ciertos excesos de temperamento, fortificar en la inmigración el elemento septentrional.

Ya se me alcanzan la razones de este deseo, pero me pregunto si, caso de realizarse, no traeria mas inconvenientes que ventajas.

En la actualidad, a pesar de tantos elementos diversos, hay — fenómeno que sorprende al extranjero — incontestable unidad de raza en el pueblo argentino, unidad, sobre todo, en el tipo fisico que (lo digo sin sombra de lisonja) me parece uno de los mas hermosos del mundo. Los españoles, los italianos, los vascos, los franceses del mediodia, predominan sin disputa, por la nobleza, y regularidad de las facciones y por la elegancia y esbeltez del cuerpo, sobre otras razas mas deprimidas, acaso por culpa de la rudeza del clima. De esa amalgama ha resultado un tipo homogéneo, que deleita la vista. Alguna vez he administrado la primera comunión a alumnos y alumnas de las escuelas, o a muchachos de los asilos, y me parecian angelitos bajados del cielo. Nada hay en ello de extraño, despues de todo, porque sus hermanos y hermanas de España, y más aún de Italia, han servido de modelo a los artistas que mejor han sabido concebir el tipo de la criatura angelical.

Se me podria objetar que dónde dejo al elemento indigena, el elemento negro que tanta influencia ha ejercido en paises vecinos, por ejemplo, en el Brasil. El elemento negro ha sido eliminado por completo. El Rio de la Plata contaba en la época del coloniage, con negros, con muchos negros, que combatieron al lado de los blancos en las luchas de la independencia y vertieron su sangre en los mismos campos de batalla, pero desde entonces han desaparecido. En cuanto a los indios quedan poquisimos, que habitan las apartadas regiones de las provincias maritimas, las fronteras del Brasil, de Bolivia y de Chile, y algunas altas mesetas de las montañas. En el interior yo no he visto, con mis ojos, mas que unos cuantos en la provincia de Tucuman, ocupados en faenas agricolas, o enfermos en los hospitales, donde la tuberculosis los diezma. Son buenas gentes, a pesar de algunos vicios, atenuados por el catolicismo, que todos han adoptado. Los que yo he visto mostraban conmovedora deferencia hacia el Obispo, e imploraban su bendición, que recibian con las manos cruzadas.

En la campiña, a medida que uno se aparta de la provincia de Buenos Aires, asi como en las ciudades del interior, Córdoba, San Luis, San Juan, Mendoza, Rioja, Catamarca, Santiago del Estero, Tucuman, Salto, Juguy, Corrientes, vive una población criolla bastante densa. Bajo este nombre se designan los dependientes de los antiguos colonos españoles del Plata, nacidos en el pais. La mayor parte pero no todos. « El pecado original de los españoles, suele decirse en aquellos paises, es haber venido aqui sin mujeres ». Quisiera yo rogar a los que tal sostienen que me explicaran cómo hubieran podido arreglarse para viajar con mujeres los temerarios soldados que se lanzaron a través de espacios desconocidos, inexplorados, inmensos y salvajes, a conquistar vastos imperios, ni aun siquiera los primeros rebuscadores de oro y de plata que descubrieron y explotaron las minas. En la imposibilidad material de llevar mujeres consigo, se casaron con las indigenas, lo cual no es ningun crimen. Asi se formó una población abigarrada, mezcla de españoles y de indios, que con algunas variantes y atenuaciones ha conservado hasta nuestros dias ciertas caracteristicas de las tribus indias. A pesar del desprecio y de la antipatia de los españoles hacia los mestizos, hay individuos, y áun familias, de esa procedencia, que han conseguido ocupar posiciones distinguidas. Pero en bien pequeño número. La inmensa mayoria de las grandes familias argentinas es de sangre tan pura y de piel tan blanca como los españoles, italianos y franceses de Europa.

Este parentesco de origen, engendra naturalmente afinidades de carácter y una simpátia que tiene raices muy hondas. La unidad de tipo fisico tiene por corolario cierta unidad de tipo moral, lo cual importa mucho para la homogeneidad de una nación. Aún en nuestra vieja Francia se observa que los italianos y españoles que vienen a establecerse en nuestro suelo, se funden, en pocos años, con las poblaciones de origen francés. Con mayor motivo los que caen en el crisol donde está formándose una nación nueva, pues alli están mas lejos de la madre Patria, y les es mas facil olvidar rivalidades tradicionales.

Asi se creó una raza europea que es, realmente, muy proxima pariente de la nuestra.

Claro está que hay algunas diferencias nacidas de la condiciones en que esa raza se desarrolló, pues el suelo y el clima ejercen la natural influencia tanto en el ser fisico como en el moral, y no en vano se penetra en un pais donde todo está por crear, y donde el espiritu de independencia y la iniciativa son necesarios para todos los que desean abrirse camino. De aqui algunos detalles que, a veces, parecen asimilar a los americanos del Sur con los del Norte, cuando en realidad lo cierto es que aquellos se diferencian tanto de los segundos como se parecen a nosotros.

CAPITULO II

COMUNIDAD DE CULTURA : la civilization latina : la crisis de los estudios y de las Universidades.

Comunidad de raza, comunidad de cultura. Se dice que los pueblos de la América del Sur son latinos, no solamente por la sangre sino por la civilización y por la educación que reciben, y quien tal afirma está en lo cierto.

Durante largo tiempo las clases superiores, lo mismo que entre nosotros, han bebido sus inspiraciones directamente en la fuente de la civilización latina, y han tomado contacto con la antigüedad griega y romana. Sin embargo, a causa de las necesidades de la vida colonial, asi como de las obligaciones que imponian a esos hombres, que necesitaban poner en cultivo tierras que era preciso roturar, o crear, de plantar fábricas, casas de comercio o bancos, la cultura fisica no pudo nunca ocupar el lugar preeminente a que ha llegado, y que guarda todavia en Europa. A lo que hay que añadir que la mayor parte de los inmigrantes no eran letrados.

Los paises de que hablo son realmente latinos, y su cultura la deben principalmente a España, a Italia y a Francia, es decir, a los tres paises que han infundido en sus literaturas nacionales la quinta esencia de las literaturas antiguas.

La forma española es, naturalmente, la que ha predominado, lo mismo que su lengua, forma oratoria, poética, pintoresca, de colorido tan cálido como las flores de los árboles o las plumas de las aves de la zona intertropical.

Si hoy el rio civilizador de la cultura latina continúa manando en la Argentina y el Uruguay, se debe exclusivamente al canal de las tres literaturas neo-latinas y a la saludable acción de las obras originales indigenas de gran mérito.

Efectivamente, desde hace veinte años se ha abolido en los colegios la enseñanza del latin, de donde resulta que salvo los jóvenes educados en el extranjero, singularmente en Francia, la alta sociedad no tardará en ignorarle por completo. Los candidatos eclesiásticos se encuentran en la misma lastimosa situación que nuestras « vocaciones tardias », obligados á aprender el latin, antes de poder engolfarse en los estudios teológicos.

Para mayor claridad conviene entrar en algunos detalles sobre la organización de la enseñanza.

En América como en Europa, la enseñanza se divide en tres grados : primaria, secundaria y superior ; sólo que la distinción entre las dos primeras categorias es mucho menos marcada que entre nosotros, por lo que atañe a las materias que se enseñan. Es obligatorio que el niño prosiga el ciclo de los estudios primarios desde los seis años à los catorce. A esta edad puede, si lo desea, o considerar su instrucción terminada, o ingresar sea en el colegio nacional, sea en algun establecimiento libre de enseñanza secundaria. Sólo en el curso de las clases se irán eliminando mediante exámenes de paso, a la verdad muy fáciles, los que se revelan manifiestamente incapaces de subir mas alto. La mayoria de los discipulos continuan hasta los diez y ocho años. No hay secciones diferentes como en Francia. Todos los discipulos siguen el mismo programa, que es casi exclusivamente técnico y cientifico, o en otros términos, primario superior.

En el colegio no se enseña historia universal, sino únicamente historia del pais. Una rápida ojeada de los siglos transcurridos hasta el descubrimiento del Nuevo Mundo. Cristobal Colon, los exploradores y los conquistadores retienen algun tiempo la atención. Un capítulo resume la historia del coloniage, a la que, según la tradición revolucionaria, se reserva la misma ternura que hasta hace poco tiempo todavia, concedian nuestros manuales escolares al antiguo Régimen. En 1810, en el alzamiento contra les autoridades de dudosa legitimidad establecidas en España invadida, empieza verdaderamente la historia nacional, la única que importa estudiar a fondo, lo cual se hace en conciencia, sin perdonar al niño ni el màs pequeño detalle militar o politico.

Además de esta historia, sirven de vehiculo a las ideas generales, algunos elementos de filosofia moral y una sucinta exposición de las literaturas extranjeras.

Al terminar los estudios no hay ningun exámen de conjunto análogo a nuestro bachillerato, sino únicamento se da un certificado en el que se inscriben las notas obtenidas por el alumno en los exámenes de fin de año. Todas las materias se consideran como de igual importancia, y en todas el candidato debe obtener una cifra media. Aunque esté dotado del mas brillante talento literario, se le reprobará si le falta un punto en matemáticas, en fisica o en historia natural. Lo cual constituye el triunfo exclusivo de la memoria y de la impersonalidad.

Existe verdaderamente una enseñanza que pueda y quiera reaccionar contra la enseñanza del Estado?

Si; la ley admite cierta libertad de enseñanza, de la que los congregacionistas usan ampliamente. En todas las ciudades abren numerosas escuelas primarias y grandes colegios secundários, fundaciones que son muy estimadas. La prueba está en que siendo absolutamente gratuita la enseñanza (hasta para los libros y material escolar) en los establecimientos públicos oficiales, de cualquier categoria que sean, mientras que los establecimientos religiosos exijen derechos de 15,20 y 30 piastras por mes para los medio pensionistas y de 70 à 90 para los internos, más de la tercera parte de los hijos de la república Argentina frecuentán estos últimos establecimientos, considerándolos como superiores a los otros por la disciplina, la moralidad y el buen espiritu que en ellos reina. Durante el tiempo que he residido en la Argentina veinticinco mil niños y niñas de las escuelas libres de la capital, han desarrollado en las calles de Buenos Aires su imponente cortejo, ante los ojos extasiados del Cardenal Gasquet.

No obstante la libertad, lejos de ser completa, parece en algunos puntos bastante precaria. Los establecimientos libres, para gozar de ciertos derechos esenciales, necesitan, en grado mayor o menor, afiliarse a los establecimientos del Estado, colegios y escuelas normales. Suprimir las incorporaciones, como se intentó no ha mucho, equivaldria a matar a las escuelas libres, que necesitan todavia conformarse a los mismos métodos y a los mismos programas. Nada más curioso que la uniformidad exterior de las escuelas : los mismos ejercicios, el mismo paso ritmico y en cadencia. Frecuentemente se ve a muchachitos de corta edad desfilando al « paso de ganso » (*le pas d'oie* prusiano, o poco menos).

En cuanto a los programas no es posible modificarlos mas que por via de adición. Añadir materias equivale a aumentar forzosamente las horas de trabajo. Y cómo obtener esto en un pais donde son ya mas los dias de vacaciones que los de clase, y en que hasta la lluvia parece dispensar a los alumnos de ir a la escuela ?

Hasta los jesuitas del gran colegio del Salvador, los jesuitas, los campeones, mas fervientes de lós estudios clásicos en el mundo entero, no se han creido con fuerzas para lograrlo, y han cedido a la corriente. Los otros los han imitado y asi, poco a poco, los *hermanos* que son los verdaderos maestros de la enseñanza primaria, han ido suplantando a los *sacerdotes*, hasta en la educación de las clases medias y superiores. En Buenos Aires, en el colegio Champagnat, dirigido por los Hermanos maristas se me han presentado hijos de las familias más aristocráticas.

Dicese que los hombres importan mas que los programas, y que pueden llenar los vacios de estos con la extensión y la elevacion de sus miras. Pero en estos paises, en que todo se subordina a la actividad económica, hay muy pocos profesores de carrera. No hay profesión peor retribuida. Sólo desde 1905 se han fundado unas escuelas normales y un Instituto secundario de profesores. Muchos de los cursos de los colegios se confian a abogados, a médicos, á ingenieros, y la politica interviene con frecuencia en sus nombramientos. Los mas ignaros politicos, introducidos en el cuerpo docente, saltan por encima de los profesores más instruidos, más aptos y cargados de grados académicos.

¿Dadas esas condiciones, a qué se reduce la cultura latina y clásica? Los hombres más eminentes se plantean este problema con inquietud. El mismo dia, a la misma hora, sin haberse puesto previamente de acuerdo, un distinguido representante de la aristocracia argentina y chilena, y uno de nuestros compatriotas, naturalizado argentino, que ha llegado a ser una de las glorias de la literatura sud-americana, vinieron a hablar de esta cuestión a mi compañero de viaje el Sr. Le Goffic, y a mi mismo. Para reparar el mal proponia el uno la creación de un liceo clásico francés, y el otro de un colegio francés o inglés, establecido en campo raso, y dirigido por religiosos. Este último habia ya dado algunos pasos en ese sentido cerca del Cardenal Gasquet, rogándole le buscase un personal inglés. « No lo tenemos », le contestó el Cardenal. Pues bien, si no teneis personal católico, pronto veréis a los Y. M. C. A. fundar un colegio protestante, al que los católicos enviarán sus hijos, diciendose que en el fondo la educación religiosa no se da en la escúela, sino en la casa paterna. O bien, añadia mi interlocutor, que Francia se apresure a enviarnos un personal de alto valor. Con los españoles no podemos contar. Es preciso que la Santa Sede lo comprenda asi. Son necesarios un gran esfuerzo y sérios sacrificios por la América del Sur, si no se quiere que esta se descatolice y se deslatinice, en provecho del *yankeesmo*, que es ya un peligro para nuestra cultura ».

Communiqué esta conversación a algunos de nuestros religiosos franceses que dirigen un gran colegio en Buenos Aires, y me dejaron entrever la esperanza de que pronto se añadiria en su casa por lo menos una sección superior de enseñanza clásica. Dios quiera que este proyecto se realice! En ello están comprometidos el interés general del mundo latino y de nuestro pais en particular. Si deja de cultivarse la literatura francesa, si nues-

2

tra lengua, reducida ya a dos horas de clase por semana, no se enseña mas que como una lengua comercial, menos importante todavia que el inglés, a qué nivel caera nuestra influencia?

Pero dejemos de lado el punto de vista exclusivamente nacional, y fijemonos sólo en los riesgos que corre una sociedad cuyo gobierno está por completo en manos de primarios. No es de temer que hasta la misma Argentina que se vanagloria de estar en la confluencia de tres nobles culturas, la española, la italiana y la francesa, no llegue ella misma a descender en la escala de las naciones civilizadas? Me he tomado la libertad de exponer este punto de vista al nuevo Presidente, Sr de Alvear, que se habia dignado interrogarme, y que ha escuchado con atención mi respuesta.

Se me dirá que áun quedan las Universidades, que podian representar el mismo papel en la América del Sur que ciertas Universidades anglo-sajonas, colmando, a lo menos para una selección, las lagunas de la enseñanza secundaria. Es verdad : la Argentina cuenta con Universidades, la de Buenos Aires, la de la Plata, la de Córdoba, la del Litoral, esta última repartida entre cuatro o cinco ciudades, a lo largo del Paraná. Algunas de ellas cuentan con un pasado glorioso y civilizador, singularmente la de Córdoba, que fué largo tiempo el Conservatorio de los estudios desinteresados. Hoy mismo el Colegio nacional de la Universidad de Buenos Aires consagra dos años al estudio del latin.

Todo esto es exacto, pero los estudiantes se recrutan entre los alumnos que salen de los colegios. Si bien se les impone un ligero exámen de entrada, antes de admitirlos en las Facultades, esto no implica que estén preparados para estudios clásicos superiores. Qué piden en una Facultad ? El conocimiento del derecho, de la medicina, o de las aplicaciones de las ciencias. Este conocimiento se lo dan profesores, que suelen ser excelentes si la politica no ha influido demasiado en su nombramiento. Esos profesores forman para el pais buenos abogados, buenos jueces, buenos médicos, buenos ingenieros, con lo cual prestan un real servicio, pero todo eso nada tiene que ver con la cultura especificamente clásica.

En este punto el excesivo rigor de los programas, y el interés inmediato de los candidatos a las diversas carreras, pesan sobre la enseñanza, y arruinan la emulación y la libertad. La Universidad libre católica de Buenos Aires, a pesar del valor de sus fundadores, ha sucumbido, o poco menos, por no haber podido sacudir las trabas que la agarrotaban.

Me permitiré añadir, y lo hago porque, gracias a Dios, el Presidente Alvear y su notable Ministro de Instruccion Pública, Sr. Marco, reaccionan hoy contra el mal, que las Universidades argentinas acaban de atravesar una crisis gravisima [1]. Un ministro primario y demagogo las habia entregado, libremente, a los soviets de estudiantes. En los consejos mistos de profesores y de estudiantes que, de hecho, los gobernaban, los estudiantes eran en realidad los amos absolutos, porque una parte de los profesores se negaban a colaborar con ellos en condiciones humillantes para su dignidad, y otra parte de los que se quedaban, buscaban la popularidad prestándose a todas la concesiones. Los estudiantes correspondian directamente, por cartas o telegramas, con el ministro y con el Presidente de la república, y despues de prolongadas huelgas obtenian que todos sus diplomas, incluso en la Facultad de Medicina, se les extendieran sin pasar exámen alguno. En Córdoba llegaron hasta a expulsar a todos los profesores, o poco menos, y su rector designado para nombrar un portero, empezó por reunir el consejo de estudiantes para presentarles su candidato y preguntarles si les agradaba. Otro rector decia a los estudiantes : « Cuando querais vacaciones, no necesitais armar albrotos : pedidmelas sencillamente, y os las concederé ». Y esas costumbres principiaban a prosperar y a invadir las clases superiores de los colegios.

Repetimos que, gracias a prudentes reformas que es de suponer se lleven a cabo sin detrimento de la libertad de enseñanza, todo eso pertenecerá muy pronto al pasado, pero citamos ese

1. U Sr. Marco no es ya ministro de Instrucción Pública.

ejemplo para que reflexionen sobre él los que, entre nosotros, persiguen algunas de las reformas llamadas democráticas.

Dado ese conjunto de circunstancias, no es abrigar vanas esperanzas, el pensar que la cultura clásica volverá a florecer en la Argentina.

Yo, firmemente, creo que asistiremos a ese resurgimiento.

Por otra parte en América, como entre nosotros, las mujeres manifiestan tendancias a recoger la antorcha de los estudios literarios, si los hombres la dejan apagar. « Toda la superioridad de la educación de la mujeres, me decian en Buenos Aires, viene de dos conventos del Sagrado Corazón, y de dos conventos de la Santa Unión ». Uno de estos, el de la calle Esmeralda, está dirigido, desde hace largo tiempo, por una mujer de mérito extraordinario, la Madre Maria Luisa, que ha formado algunas de las damas más eminentes de la sociedad argentina. La conversación de esas maestras revela no sólo el conocimiento de las lenguas vivas — casi todas hablan correctamente además del español, el francés, el italiano y el inglés — sinó lecturas extensas, y un gusto literario afinadisimo. No es fácil empresa para un conferenciante satisfacer al público femenino, que constituye la mayoria de su auditório, porque los cursos que ha seguido, le han puesto al corriente de todo lo que se publica, y no hay autor clásico ni contemporáneo que le sea desconocido.

Sin negar la superioridad que mi interlocutora atribuia a ciertos conventos, por mi parte confieso que no les concederia el monopolio. Con ellos compiten otros establecimientos, sin contar las institutrices privadas, admirablemente instruidas y decorosamente pagadas. Cómo no mencionar a este propósito aquella *Biblioteca del Consejo nacional de las mujeres*, que dió en honor nuestro una deliciosa representación litteraria y musical, en la que las jóvenes que alli perfeccionaban su educación, nos encantaron por su prodigioso talento? Esa fundación sostiene además la *Universidad de las Artes*, creada y dirigida por una compatriota nuestra, la S^ra^ Cestier, con objeto de propagar la cultura literaria y artistica francesa. « El feminismo juicioso y moderado que representa el Consejo nacional de las mujeres, ha dicho nuestro ministro el Sr. Clausse, forma parte de la concepción del programa social, tal como en Francia se estudia : razonable, prudente, equilibrado, obra latina por excelencia [1] ».

Hasta 1900 approximadamente los Colegios nacionales recibian indistintamente alumnos de uno y otro sexo. Ahora abundan los colegios y las escuelas normales para niñas solas. Desgraciadamente las tendencias que alli reinan difieren poco de las que predominan en la enseñanza oficial de nuestro pais, y aun acaso la enseñanza es todavia más completamente materialista que la nuestra. Pero en frente de ella se yergue la enseñanza cristiana. En Rosario hemos podido admirar una *Escuela normal católica de señoritas*, completada por una *cátedra de cultura intelectual*, donde, bajo la dirección de las Hermanas de la Misericordia y la alta protección de un sacerdote de mucho mérito, descendiente de una familia francesa, el abate Grenon, arcipreste de la iglesia matriz, se fundó un estado mayor femenino, cuyo talento y cuya importancia hemos podido apreciar lo mismo que en Buenos Aires.

Una encantadora señorita, hija de un magistrado de la ciudad, pronunció, con extraordinario fuego, una alocución llena de nobles pensamientos, envueltos en una forma perfecta.

En Montevideo tambien se manifiesta de modo original la cultura y el gusto literario de las mujeres. En una obra colectiva, *Pro arte dramàtico*, algunas de ellas formularon sus juicios sobre las piezas de teatro de todos los paises, principalmente considerándolas desde el punto de vista moral.

Contemos, pues, con las mujeres, pero no con ellas solas. Cómo desesperar de la restauración clásica de un pais en el que brillan escritores como Enrique Larreta, el autor de *La gloria de Dn. Ramiro* y de *Làmpara de arcilla*, el orador cuya lengua rica, musical y variada, deleita a todos los que le escuchan; como Leopoldo Lugones,poeta, critico, historiador, cüyas obras, infinitamente diver-

1. La Sra Cestier murió en 1922 y no sé si continua la *Universidad de las Artes*.

sas, tanto por la inspiración como por la forma, quedarán entre las mas perfectas de la América latina; como Groussac, francés de nacimiento y de cultura que ha aprendido a manejar con arte mas consumado qus nadie la lengua castellana; como el critico M. A. Barroetavena, y el poeta Almafuerte; como el otro poeta tan esquisito en francés como en español, Garcia Mansilla, representante de la Argentina cerca de la Santa Sede; como el literato Juan Mas y Pi y el periodista Manuel Lainez [1], y tantos y tantos otros que podria citar, a no ser por temor a hacerme interminable?

Si se trata del Uruguay, alli tenemos un Hugo Barbagolata, sabio historiador, recientemente aplaudido en Paris y cuya autoridad crece de dia en dia; un Pablo de Mendilhazu; un Pedro Figari; un V. Lapido; un Zorrilla de San Martin, orador y poeta de altos vuelos: un Eugenio Garzon, hoy convertido en compatriota nuestro, pero permaneciendo siempre fiel a las mas espléndidas tradiciones de su raza.

No; semejantes hombres no pueden permitir que la cultura de las naciones que se glorifican de tenerlos por hijos vaya a apagarse definitivamente, sofocada por el vulgar utilitarismo. No tolerarán que los latinos de América cesen de ser lo que son todavia : hermanos espirituales de los latinos de Europa.

Por añadidura, no creo equivocarme si afirmo que la alta sociedad de Buenos Aires y de Montevideo guarda como una especie de nostalgia de la cultura y de la antigüedad clásicas; con cuanta avidez seguiamos no sólo las conferencias exclusivamente literarias como las de Carlos Le Goffic, si no (detalle todavia mas caracteristico) las que el distinguido profesor de la Sorbonne, Sr. Fougères consagró, por espacio de tres meses, a la arqueologia griega! No hay duda que el talento del sabio maestro influyó mucho en su éxito, pero cuánto menor hubiera sido éste si la materia que habia escogido como tema de sus conferencias no hubiese tropezado con la indiferencia general!

Esperemos, pues.

1. Dr Manuel Lainez murió en este año 1924.

CAPITULO III

COMUNIDAD DE RELIGION : el catolicismo : pasado y presente : las crisis religiosas de la Argentina y del Uruguay.

De todos los lazos que unen a los hombres ninguno más poderoso, ni de todas las afinidades, que los empujen a aproximarse ninguna mas fuerte, que el religioso. Todos sabemos, en efecto, que la religión, aun imperfectamente respetada, marca con un sello profundo las costumbres, los hábitos y la vida entera de un pueblo. Sean cuales fueren en los Estados Unidos la libertad religiosa y la actual fuerza del catolicismo, no por eso dejará de llevar aquel pueblo la marca del protestantismo. « En Francia, me decia un Cardenal romano, raspad al radical y debajo de la costra aparecerá el católico ». Como España : como Francia : como Italia, la América del Sur lleva el sello del catolicismo.

Aun dejando aparte lo que hay de provechoso en adaptarse a la verdad, no cabe duda que el llevar ese sello es un bien para ellos, porque el feroz individualismo del caracter español, exasperado por la vida americana, no puede ser limitado, contenido, reglamentado más que con la rigurosa disciplina del dogma y de la jerarquia católica. Cuanto mas se aleja el sud-americano de esa disciplina, mas riesgo corre de caer en la anarquia doctrinal y politica.

Grave error seria imaginarse que la Argentina o el Uruguay no se interesan mas que en la ganaderia, el comercio o la hacienda.

Los mismos problemas que atraen la atención del europeo cultivado, embargan la suya, y aunque sea con pocos años de atraso, siguen su curso y su evolución.

Un hombre que ha vivido largo tiempo en la Argentina, y que ha observado y reflexionado mucho, el comandante Deuil, antiguo agregado militar en Buenos Aires, lo ha demostrado, con hechos, el año pasado en una notabilisima conferencia, publicada en la Revista de los « Amistades católicas francesas », conferencia en la que voy a apoyarme, y que se intitula precisamente : « la evolución espiritual de la Argentina ».

Cuando, hacia 1910, los Sres Clemenceau y Julio Huret visitaron la Argentina, no parece que nadie llamara su atencion sobre la vida religiosa del pais y sobre las instituciones católicas. Sin duda estimaron la primera muy superficial y guardaron silencio sobre las segundas. Como acontece a la mayor parte de los viajeros, el Sr Clemenceau no vió más que a una categoria de personas, las de su partido y no oyó mas que una campana. Hacia la misma época un Dominico francés, establecido en Buenos Aires, el R. P. Sisson, y un jesuita de los mejor informados, el R. P. Burnichon, despues de una harga estancia en el Brasil, abrieron una información sobre aquel tema que les interasaba más que a los viajeros laicos, y las conclusiones a que llegaron eran más bien desconsoladoras.

Hoy no se justificaria ni la indiferencia de los primeros, ni el pesimismo de los segundos [1].

Pero es imposible comprender el estado religioso, menos complejo, de la Argentina o del Uruguay en 1923, sin remontarnos bastante hacia el pasado, que nos hará comprender con mayor claridad el presente.

Cuando el 25 de Mayo de 1810, fecha sagrada en los anales de aquellos pueblos, los criollos del Rio de la Plata, sublevados contra el Virrey Cisneros, tomaron en manos, si bien prestando an-

1. G. Clemenceau : Notas de viaje en la América del Sur, Paris, Hachette 1911. — Julio Huret : En Argentina, 2 volúmenes, Paris, Charpentier 1912-1913. — H. D. Sisson : La República Argentina, Paris, Plon Nourrit, 1918.

tes juramento de fidelidad a Fernando VII, la direccion de los asuntos públicos, dos influencias contrarias, de orden espiritual, gravitaban sobre ellos ; de una parte el cuadro tradicional y riguroso del catolicismo español, y de otra los principios liberales que habian presidido a la Constitución de los Estados Unidos, y las ideas filosóficas de donde habia salido la revolución francesa, cuyos excesos odiaban, pero sin maldecir sus causas mas hondas [1].

La armazón del pais era catolica. De Córdoba la Roma de la América del Sur, irradiaba la doctrina, gracias a la enseñanza que se daba en la Universidad y en los numerosos colegios filiales suyos. El gobierno cuidaba de que la religión se respetase, pero la mantenia en estrecha tutela, reprimiendo, en caso necesario hasta por medios violentos, todo conato de independencia. Gracias al *patronato*, él era al árbitro del nombramiento de los Obispos, y el intermediario obligatorio entre las iglesias locales y la Santa Sede. En el espacio de tres siglos ni un solo informe fué enviado directamente por un Obispo del Rio de la Plata a Roma, de suerte que al concluir el siglo XVIII estaban cortadas todas la comunicaciones directas entre el clero criollo y el centro de la unidad católica. Este sistema se enseñaba a los candidatos eclesiásticos como el más justo y normal, y muchos habian acabado por creerlo. Ese estado de espiritu y esos usos tenian que dar sus naturales consecuencias cuando se estableciera el régimen de la independencia y que la vieja Monarquía castellana fuese remplazada par nuevos Estados.

La expulsión de los jesuitas, enérgicamente exigida y ejecutada implacablemente por Carlos III en 1767, no sólo tuvo por efecto la destrucción de sus civilizadoras misiones y el rápido retroceso de las poblaciones indigenas a la vida salvaje, sino que la Universidad de Córdoba y toda la enseñanza católica, sufrieron

1. José P. Otero, Doctor en Letras : La revolución Argentina, 1810-1816, Paris, Bossard 1917. Vease en especial la *Introduccion* y el capitulo titulado : *El clero y la libertad*. Marius André : Caida del imperio español en la nueva América, Libreria Nacional, 1922.

dolorosa decadencia. Las nuevas ideas no debian encontrar contradictores de mucha valia.

Esas ideas, propagadas en parte por extranjeros, principalmente por algunos franceses, habian penetrado en los Dominios de Ultramar por medio de un español de la Peninsula, Jovellanos, ardiente discipulo de Quesnay y de los fisiócratas. La autoridad metropolitana, la Inquisición misma, concedian entonces menor importancia a los paises más bien despreciados del Plata, que a las ricas regiones mineras del Perú y de Chile. Sucesivamente Monstesquieu, Voltaire los enciclopedistas y Rousseau iban insinuandose en las ciudades, en los presbiterios, hasta en los conventos y se apoderaban de muchos ánimos.

Pero la misión de dar forma original y definitiva a las ideas de emancipación propagadas por todas partes en los últimos años del siglo XVIII estaba reservada a un hombre muy religioso, sincero, dulce y tenaz, Mariano Moreno. En España, donde habia residido largo tiempo, se habia familiarizado con los maestros del pensamiento revolucionario, sobre todo con Rousseau, por el que profesaba una admiración sin limites ; sólo Rousseau, habia realizado a sus ojos, con su *contrato social* la divisa de la Ginebra de la Reforma : *Post tenebras lux*. Por qué inconsecuencia ilógica, por qué inconcebible ilusión, Moreno, que habia reconocido, sin embargo, en el prefacio de su traducción del *Contrato social* que Rousseau *deliraba* en tocando a materias religiosas, no descubrió la contradicción fundamental que existe entre la fé cristiana y una doctrina que entrega a la voluntad del César popular los derechos mismos de Dios y de la conciencia humana ? El clero criollo, en su mayoria, exceptuando algunos Obispos, tampoco pareció percatarse de ello.

La mayor parte de sus miembros acogieron con entusiasmo los principios que les parecian favorecer más la independencia de su pais y el progreso del género humano. Fundándose en este *credo* clérigos y seglares fraternizaban trabajando juntos por la causa común. De los 29 firmantes del Acta de Independencia votada en 1816 por el Congreso de Tucuman, 16 eran curas o frailes. Gracias a este concurso, la revolución que emancipó a los Estados de la América meridional, no tomó el aspecto anti-religioso de la revolución francesa. Lejos de eso los nuevos gobiernos declararon al catolicismo religión de Estado, y en las horas criticas los Generales de la guerra de Independencia, los Belgrano y los San Martin, distribuian escapularios a sus tropas, proclamaban Generalisima a la Virgen Maria, y ponian en manos de una de sus imágenes más veneradas el bastón de mando. « Acordaos que sois un General cristiano, apostólico, romano » escribia Belgrano a San Martin.

Pero si las consecuencias inmediatas de tan extraordinario liberalismo doctrinal ofrecieron algunas ventajas, sucedió todo lo contrario en lo que atañe a las consecuencias remotas. Aquellos presbiteros y aquellos frailes, participaron (a la verdad no siempre sin escrúpulos) a la obra del Congreso de 1913 que, inspirandose en los principios mismos de Rousseau se arrogó el derecho de fallar de plano en materia doctrinal é instauró el órden eclesiástico sobre las bases abatidas del viejo patronato español [1].

Asi fueron sembrándose les gérmenes de luchas terribles entre la conciencia cristiana, la Iglesia católica y el Estado, planteándose los principios disolventes que han estado a punto de descristianizar al pueblo argentino en el último cuarto del siglo XIX.

Entre tanto las cabezas se emborrachaban con palabras sonoras: Libertad, democracia, soberania del pueblo eran términos vacios debajo de los cuales, dado el estado de las poblaciones, no habia nada real. Un hombre autoritario y fuerte, que el comandante Deuil no vacila en comparar con Bonaparte, Rivadavia, discipulo y corresponsal del inglés Bentham, intentó, entre 1821 y 1827, fijar el órden nuevo, aplicando, con las ideas de su maestro,

1. El Sr Otero no teme reconocerlo « Por lo que atañe a la religión, dice, las leyes promulgadas por la Asamblea son francamente cismáticas ». *Op. cit.*, pàg. 234. El Congreso legifera en materia religiosa (no se ha perdido la costumbre) y so pretesto de higiene decide que no se podia bautizar a los niños más que con agua tibia, y sólo despues del séptimo dia del nacimiento, etc., etc.

la famosa máxima de Benjamin Constant : *la revolucion por arriba.* Tambien a Rivadavia como católico, con frecuencia se le veia seguir devotamente las procesiones, llevando una vela en la mano, en aquella mano que firmaba la *Reforma eclesiástica*, encadenando la Iglesia al Estado. Aquello era excesivo, y la Iglesia principió a agitarse para romper los lazos demasiado fuertes que la oprimian. Al mismo tiempo se selló la alianza entre los partidarios irreductibles de los derechos del Estado con los anti-clericales y libre-pensadores : segun costumbre las congregaciones religiosas fueron las primeras perseguidas : las relaciones con la Santa Sede, suspendidas desde 1810, no se restablecieron nunca ; se pusieron trabas al reclutamiento del clero ; el Seminario de Buenos Aires se convirtió en una sección de la Universidad, modificada y reglementada a cada paso por los ministros. En suma, desde 1830 la fraternidad que veinte años habia unido en un haz común a clérigos y seglares, quedó rota.

El gobierno del dictador Rosas inició un movimiento de regreso hacia la tradición. Copiando al gobierno francés de la Restauración protegió a la Iglesia, pero solidarizándola demasiado con el régimen politico. Yendo mas lejosque Luis XVIII y Carlos X, aquel presidente aspiró a ser el « Obispo de lo exterior ». Si bien tuvo el mérito de conseguir que la Santa Sede nombrase al austero Doctor Medrano Vicario apostólico, y posteriormente Obispo de Buenos Aires, ejerció, arbitrariamente, un poder superior al del Pontifice, ordenando él mismo las oraciones, cambiando a los patronos de las iglesias y de los pueblos, nombrando a los párrocos, modificando los limites de las diocésis, y anulando a su capricho los actos de la Santa Sede. Cuando en 1852 Rosas fué derribado por el general Urquiza, la Iglesia era más esclava que bajo Rivadavia, y compartia la impopularidad del régimen caido, como sucedió entre nosotros cuando el destronamiento de Carlos X y de Napoleon III.

De 1857 a 1880, tres hombres de Estado, Alberdi, Mitre y Sarmiento, iban a encarnar la politica argentina, persiguiendo un fin que no carecia de nobleza. Se proponian dar al Estado una constitución regular, y sustraerle a las revoluciones periódicas, *europeizar* a la nación y encarrilarla resueltamente en el camino de las naciones modernas, pero desgraciadamente nación moderna era, a sus ojos, sinónimo de la que luego se llamó nación laica. No juzgaban progreso compatible con las creencias religiosas y partidarios, personalmente, de la doctrina positivista, pretendían ignorar la religión, y de hecho tendian a eliminarla.

El gran reformador de la enseñanza, Sarmiento, cuyo nombre se ha dado a tantas escuelas del país, trajo de los Estado Unidos institutrices, con la condición formal de que no fueran católicas entregando así la enseñanza a los protestantes en un pueblo cuyos hijos, en su casi totalidad, pertenecen a la religión romana. Aquello, por otra parte, no era más que una preparación para la escuela laica, hacia la cual se marchó a pasos de gigante a partir de 1870.

Para producir mas efecto, dió el mismo impulso en todo los terrenos, aun fuera del escolar, desencadenando en la prensa campañas contra la Iglesia y sus doctrinas, é inventando escándalos para desacreditarla.

Para poner a la Iglesia en la imposibilidad de defenderse, anticipándose a lo que despues hizo entre nosotros un Dumay, encargado de la direccion de cultos, los gobernantes interpretaban y ejercian cada vez con mas rigor los derechos de patronato, conferidos antaño al Estado. Así en 1855 se delegó a los gobernadores politicos un *vicepatronato*, que les conferia la alta jurisdicción sobre los nombramientos eclesiásticos, y en 1863 se decidió que todos los Breves de la Santa Sede al delegado apostólico se habian de someter al examen y al *placet* del Tribunal Supremo.

Tambien entonces se pasaron los limites permitidos, y los católicos, exasperados, se resolvieron a reaccionar. Uno de ellos, el inteligente y noble Felix Frias, expulsado antes por disposición de Rosas, se habia refugiado en Europa, donde contrajo relaciones con los mas ilustres escritores que a la sazon rejuvenecian la idea católica en muestros paises occidentales, y mas particularmente con Montalambert, que fué su verdadero maestro.

Frias fué el primero que denunció atrevidamente la antinomia que existe entre los principios del cristianismo y los del *Contrato social* y los del socialismo moderno. De regreso a la Argentina consiguió agrupar en torno suyo algunos jóvenes, cansados de oir repetir a sus maestros fórmulas vacias, y que fundaron la primera Asociacion católica[1].

Por su parte el clero sacudia el yugo en el terreno de la enseñanza. Ya en 1858, el Papa Pio IX habia abierto en Roma, para los clérigos de la América del Sur, un colegio Pio-Latino, destinado á darles una formación enteramente romana. En 1865 el Obispo de Buenos-Aires, promovido a la dignidad archiepiscopal, tomó la varonil resolución de abrir de nuevo en la capital un seminario, prescindiendo de todo concurso oficial, y confiando su dirección á los Padres de la Compañia de Jesùs, que aún la ejercen hoy dia. Desde entonces cambió el espiritu reinante, y en la actualidad no hay clero más docil y más fiel a la Santa Sede que el clero Argentino.

Pero la miés debia tardar mucho en madurar, y entre tanto la educación positivista daba sus frutos, nada apetitosos : escepticismo, mercantilismo, sed de placeres ; en estos tres problemas puede condensarse la nota dominante en aquella época.

La franc masoneria se multiplicaba, acaparando todo el alto personal politico y dejando sentir su inflencia en todas las esferas. El espiritu dominante en las Universidades era profundamente anti-religioso ; nadie podia aspirar a que se le considerase a la altura de su tiempo, si se proclamaba católico, o simplemente espiritualista.

No tardó en pasarse del terreno de la especulación pura al de los actos y en 1875 los fanáticos pegaron fuego al Colegio del Salvador dirigido por los jesuitas, y en 1880 otros apedreaban a Monseñor Gelabert y asesinaban al abate Perez. Delante de tales

1. L. Jean Alberdi. Estudio politico. Exâmen de las ideas de F. Frias sobre la influencia de Francia, de Inglaterra y del catolicismo en las repúblicas sud-americanas, seguido de una carta de F. Frias al Sr Guizot y de la respuesta de este. Citado por Otero, p. 2.

crimenes el gobierno se limitaba a adoptar una actitud de reserva.

En 1882, habiendose visto obligado a dimitir el Doctor Pizarro, ministro católico, el presidente Rosas le reemplazó por un anticatólico militante. Lo mismo que en Francia la lucha se concentraba en el terreno escolar. Se excluia a los católicos de las cátedras universitarias, se suprimia la enseñanza del catecismo en las escuelas, se prohibia a los maestros conducir a sus discipulos a las funciones religiosas, y para acusar a los católicos de hacer obra nefasta en materia de educación se reunia con gran pompa un congreso pedagógico, dandose al mismo tiempo una fiesta solemnisima en un teatro en honor de Darwin « para demostrar al pueblo la irreductible oposición entre la ciencia y la fé ». Por una iniciativa grosera el presidente de la república, general Roca, asistia un Viernes Santo a una *Carne con cuero*, comida en que se consumen cabezas de ganado, asadas dentro de su cuero, al aire libre, segun la moda campesina de los *gauchos*. Y por haber formulado una respetuosisima protesta el Nuncio de Su Santidad era expulsado en un plazo de veinticuatro horas.

Los católicos empezaban a luchar, pero hay que confesar que con mediano éxito. En 1882 hubo hombres valientes y guerreros, Estrada, Goyena, Lamarca, que consagraron sus fuerzas y su dinero a fundar, y despues a hacer vivir dos periódicos, *La Union* y *La Voz de la Iglesia*. Tratóse tambien de galvanizar la *Asociación Católica* que, fundada por Frias, habia caido despues en letargo. Por fin en 1884 se reunió un gran Congreso católico, del que se esperaba mucho, pero que cometió una falta de táctica decidiendo que la acción de los católicos debia transladarse al terreno político. Ahora bien, en las eleccionnes de 1886 el fracaso fué completo y como sucede siempre en circunstancias análogas, produjo deplorables disensiones entre los vencidos. Un desastre!

Sin embargo la opinión pública se agitaba. Los hombres de bien de todos los partidos veian con dolor sucederse las crisis de especulación y de inmoralidad, denunciadoras de una progresiva corrupción. A todos daban asco los repugnantes procedimientos que, falseando sin escrúpulos el sufragio popular, mantenian en el poder á la misma casta de politicastros, conservadores sobre todo de sus situaciones personales. Y por último todos se espantaban igualmente de los progresos que, favorecidos por tantos escándalos, realizaban los partidos revolucionarios.

En 1889 todos los descontentos se cristalizaron, y surgieron hombres jóvenes y emprendedores, los Marcelo Alvear, los Tomás Lebreton y otros, resueltos hasta a arriesgar su vida, que se presentaron con un programa decente, fundando el partido radical, que conquistó el poder, y que aun lo retiene hoy dia, despues de haber derrotado en 1890 al presidente Gelman, criatura de Roca.

Moralizar el sufragio universal, asegurando su ejercicio sincero y libre, reaccionar politica y socialmente contra los abusos de todas clases que perturbaban la república y la conducian al deshonor, considerar a la Iglesia como una fuerza social, poderosa y viril, y por consecuencia cesar la guerra más o menos abierta que se le hacia desde cuarenta años atrás. Tal era el nuevo programa, que se ha realizado parcialmente.

En 1900, el general Roca, durante su segunda presidencia, habia ya llamado, espontáneamente, al legado pontificio.

En 1903, por un rasgo único en la historia, dice el comandante Deuil, por un rasgo cristiano y sublime, la Argentina, por mano de sus jefes, levantó en la cima de los Andes, en la frontera de Chile, como prenda de una paz evangélica, la colosal estátua de Cristo Redentor, de aquel Cristo al que Cristobal Colón queria dar aquel mundo nuevo, descubierto por su genio[1].

Hace dos años el presidente Irigoyen tuvo el honor de designar como Embajador Extraordinario para representar a la Argentina en las fiestas del centenario de la emancipación peruana, a un Prelado, Monseñor Duprat, « Gobernador eclesiástico de la diócesis de Buenos Aires ».

1. La inauguración tuvo lugar el 13 de Mayo de 1904. Puede leerse su relato en el libro del R. P. Sisson, capitulo 4º el « Cristo Redentor » de los Andes.

Qué revancha, a lo menos aparente, para el catolicismo ! Pero qué significa todo esto en el fondo ?. Qué hay que pensar en verdad de la Argentina, desde el punto de vista de la creencia y de las prácticas religiosas ?, ? No deberemos preguntarnos, como hacemos en Francia, si en realidad de verdad puede mirarse como una nación catolica ?.

Si, respondo sin vacilar, por más que aquel gran pais lleve, lo mismo que el nuestro, las huellas de las diversas crisis que ha atravesado de cien años a esta parte.

Mi primera conversación con uno de los ministros, me dejó perplejo. « Todo, me dijo, desde sus primeras palabras, todo lo debemos a la Francia de Montesquieu, de Voltaire, de Diderot, de Rousseau ». Y acto continuo me hizo la apologia de aquellos hombres del pensamiento libre, lo que me hizo esclamar para mi capote : « cátate aqui un gran liberal ». Pero despues, sin transición, me añadió : « Hablemos ahora de nuestra religion, de nuestra santa religión católica : ? empiezan ya a respetarla mas en Francia ? ». Al cabo de pocos dias, ya de nada me asombraba, pues muchos de mis interlocutores y de los que en público me saludaban, me habian acostumbrado a esos contrasentidos y constantemente veia mi nombre asociado, en ecléctica simpatia, con los de otros franceses cuyas ideas se hallan exactamente en el polo opuesto a las de un Obispo católico ! Reminiscencia de los tiempos heróicos de la liberación !

Otra reminiscencia ; el regalismo, o si se quiere el etatismo en materia eclesiàstica. A los que se extrañan de la concesión de cierto « derecho de inspección » permitido al gobierno francés para el nombramiento de los Obispos, les recomiendo que mediten sobre lo que la Santa Sede ha tolerado, desde el principio, en la Argentina y en otras muchas repúblicas sud-americanas, cuyos presidentes, ya lo he dicho, se consideraron como herederos legitimos de SusMajestades católicas, aunque sean libre pensadores o ateos. Vaca en Buenos Aires una Sede episcopal, y el Senado forma una lista de tres nombres. El presidente elige al que le place de los tres, y lo comunica al Pàpa, al que no queda más que esta alternativa : o le acepta, o entra en conflicto con el gobierno, corriendo además el riesgo de desacreditar a un eclesiástico que, aun siendo perfectamente respetable, no considera apto para ejercer las funciones episcopales. Hasta ahora ningun presidente, a pesar de la insistencia de la Santa Sede, ha consentido en negociar un Concordato [1].

Fuerza es confesar que las consecuencias de este régimen, son deplorables. Allí, como en todas partes, el poder civil sólo pide al poder religioso una cosa : que le deje tranquilo y no le meta en historias : nada teme tanto como et celo : *quieta non movere* es su divisa, misión a la verdad muy prudente, pero con tal que no confunda el reposo con el sueño. Desde hace mucho tiempo, a pesár del aumento de la población, la inmensa Argentina sigue dividida en diez diócesis. En vano el Sr. Irigoyen y posteriormente el Sr. de Alvear han prometido que se crearian otras, y aun en buen número : la reforma nunca se Ileva a cabo. Pero todavia hay sedes vacantes que se dejan indefinidamente sin titulares, como hay Obispos totalmente incapaces, a causa de sus enfermedades, de desempeñar sus funciones, y a los que se mantiene en sus puestos, sin consentir en darles un coadjutor. A lo sumo se les permite un adjunto, o un Obispo auxiliar, o un gobernador eclesiástico que, como es natural, no gozan de la autoridad suficiente. He podido ver con mis ojos esta semi-carencia del poder eclesiástico, por una u otra razon, en seis de las diez diócesis argentinas. Cómo ha de causarnos asombro, despues de esto que muchos Obispos, asi como los sacerdotes mas eminentes y los mejores de los fieles aspiren a la separación de la Iglesia y del Estado. Qué puede en efecto, resultar de este estado de cosas para la disciplina del clero?

Grandisimos son, sin embargo, los esfuerzos hechos para reformar lo que exige reforma, y seria soberanamente injusto hacer

1. El doloroso conflicto que ha surgido entre la Argentina y la Santa Sede a propósito del nombramiento de Monseñor de Andrea confirma desgraciadamente estas lineas escritas en 1923.

extensivos al clero sud-americano actual los juicios severos que podian formularse contra sus predecesores.

He encontrado, en gran número, excelentes sacerdotes, hombres que todo lo inmolan al deber, pero en el conjunto, subsisten todavia graves lagunas.

La primera es la insuficiencia del reclutamienio nacional. Muy pocos argentinos reciben las sagradas ordenes. La mayor parte de los que las solicitan son hijos de españoles, y más aun de italianos de la primera generación. De cien alumnos recibidos en el pequeño seminario, sólo veinte prosiguen hasta el grande, y sólo la mitad, diez o doce, llegan hasta el sacerdocio. Se necesitan por lo tanto sacerdotes extranjeros, y en efecto, vienen algunos de España y de Italia, pero salvo honrosas excepciones, no son la flor y nata del clero de sus paises de origen. Muchos, además, vienen solamente por tiempo limitado, con el propósito de reunir algunas economias, y volver a comerselas a su tierra. Naturalmente, todos tienen los resabios del pais de donde proceden, y tratan de imponerlos a los otros, y en todo caso se limitan a atender a las ceremonias del culto, sin tratar de ganar el corazón de los fieles.

Ahora bien, las parroquias son inmensas, tanto por su población como por su extensión. Las de Buenos Aires pueden compararse con las de Paris, y entre las rurales las hay que tienen màs de cien kilómetros de radio. Las comarcas remotas, próximas a la frontera, cuentan con un número reducidisimo de sacerdotes, y en esos puntos ni hay oficios religiosos, ni sermones, ni sacramentos. En algunas regiones el número de los no bautizados pasa de 70 por 100, y et de los niños nacidos fuera del matrimonio, de 80 y 90.

En las ciudades las congregaciones religiosas, a las que se confian algunas parroquias, obtienen resultados excelentes, en particular las congregaciones francesas, que se distinguen por su celo apostólico. Por eso algunas buenas almas preconizan la conveniencia de una congregación religiosa especial, para formar curas de aldea. Buenos Aires y las principales ciudades serian el centro de donde esos pastores irradiarian, yendo, de dos en dos, por seis meses, a esta o la otra localidad, y regresando al cabo de ese tiempo a reconfortarse a la casa madre, partiendo despues para otros puntos. En un puesto fijo el sacerdote mediocre y desocupado pierde la estima de las poblaciones laboriosas que le rodean y deja periclitar la fé. Los misioneros de paso despiertan está y son acogidos no como funcionarios de utilidad dudosa, sino como apóstoles.

No sé si a consecuencia de algunas secularizaciones llevadas a cabo en época de lucha, o simplemente a causa de la diferencia de algunos usos españoles con los nuestros, el caso es que, a pesar de la preocupación contraria, la vida argentina parece menos marcada que la vida francesa por un conjunto de costumbres católicas, que imprimen a toda la existencia cierto sello religioso.

En la Argentina, a causa de los antiguos privilegios de España, no se come de pescado los viernes, obligación que observan tantas familias francesas, aun aquellas cuyo jefe apenas es catolico más que de nombre.

Qué francés católico, fuera de casos excepcionales, consentiria en casarse sin misa? Hasta en los matrimonios entre católicos y protestantes, por deber celebrarse en la sacristia, se reclama la misa. En la ciudades argentinas el casamiento, celébrese en la casa, lo cual no es raro, o en la iglesia no aparece más que como una ceremonia mundana. He visto bastantes, y siempre son lo mismo: en medio de flores y de vistosas galas, entre dos trozos de música, en cinco minutos, sin pronunciar una palabra, el sacerdote o el Obispo, recibe el consentimiento de los cónyuges, los da la bendicion nupcial y todo se acabó. Lo mismo sucede con los casamientos de pobres, excepto las flores y la música.

Entre nosotros, exceptuando algunos ridiculos franc masones que se quedan a la puerta del templo o dentro de la taberna, parientes del difunto todos van a un entierro. Las paredes de la parroquia evocan los recuerdos de una infancia piadosa, las alegrias y los lutos de la familia, y el cuerpo presente del que ha dejado de existir suscita saludables reflexiones y nos hace pensar en las postrimerias. Desde la iglesia al cementerio el cortejo adelanta con gran lentitud. Al paso del féretro todos los hombres se descubren y todas las mujeres se santiguan, en los barrios más revolucionarios de Paris. Allí abajo por el contrario, ningun cuerpo se lleva a la iglesia y salvo excepcionales ceremonias pomposas, el cadáver es conducido desde la casa murtuoria hasta el cementerio al trote largo de los caballos del coche fúnebre, o a toda velocidad de un automovil, sin la menor muestra de respeto ni el menor signo religioso. Al dia siguiente, o al otro, las familias piadosas hacen celebrar una misa en la iglesia que les place (generalmente en un santuario a la moda) que no suscita ni entre los parientes ni entre los amigos las sanas emociones de nuestros funerales parroquiales. Mientras he permanecido en Buenos Aires sólo he visto desarrollarse con majestad un entierro : el cuerpo era arrastrado por doce caballos empenachados y seguido por multitud de carrozas cargadas de montañas de flores. Era el cuerpo de un suicida.

Hechas estas observaciones, y sin pretender sacar de ellas consecuencias exageradas, concreto aun la cuestion y me pregunto : qué hay que pensar de los católicos argentinos en lo referente a la religión ?

Paréceme que ante todo conviene distinguir entre las provincias y la capital. En las provincias hay fé ! Cuantas familias existen en Santa Fé, en Córdoba, en Tucuman, fuertemente apegadas a todas las tradiciones ! Algunas me han abierto sus puertas, y al ver ese nido tan profundamente cristiano, se ha apoderado de mi un sentimiento de verdadera veneración : allí he visto el antiguo hogar de la más catolica España.

En Buenos Aires, hoy, como en tiempo de la visita del Sr Clemenceau, y a pesar de innegables progresos, la mayoria de los hombres se crian en la ignorancia del dogma, y apartados de las prácticas religiosas. No sólo los alumnos de los colegios nacionales, si no, con gran desesperación de los maestros, la mayor parte de los que salen de los colegios religiosos pierden la fé antes de cumplir los diez y ocho años. La ligereza de las costumbres es la razón principal, y la causa secundaria el anticlericalismo y el materialismo de la enseñanza universitária.

Para algunos la religion no es más que una moda que todo hombre de la buen sociedad debe respetar, como freno útil contra los apetitos revolucionarios, y algunos cinicos añaden : « como mal necesario ».

Queda una minoria selecta, que en la Argentina, como en Francia, tiende a crecer, y que ya cuenta con admirables católicos, muchos de ellos pertenecientes a la Tercera Orden de San Francisco. Los he visto con las manos en la masa, ejerciendo su apostolado, y he debido inclinarme delante de su vida austera, piadosa, fecunda y caritativa, advirtiendo que los he encontrado en todas las clases de la sociedad y ejerciendo todas las profesiones.

Las mujeres son seriamente católicas, y cada dia aumenta en ellas el deseo de serlo más y más, perfeccionandose en la fé, en la piedad, y en los conocimientos religiosos. Julio Huret, y algunos otros escritores nos han pintado mujeres de la sociedad argentina que hablaban únicamente entre ellas de sus virgenes y de sus santas preferidas, de sus devociones, de las congregaciones o asociaciones piadosas a que pertenecian, siempre con estrechez de espiritu y mezquindad de ideas : mi impresión es muy diferente.

Frecuentemente he conversado con mujeres de elevada inteligencia y ferviente piedad, admirando siempre sus iniciativas. Bajo la dirección de sacerdotes seculares o de congregacionistas, han fundado *centros de estudios religiosos* que frecuentan asiduamente, y en los que siguen, tomando apuntes, cursos muy fuertes de filosofia, de dogma, de historia eclesiástica, de literatura religiosa, que mezclada con la literatura profana, constituyen el elemento sólido de muchas de sus conversaciones. Por la sociedad de San José se han asegurado, para el gran público, una série anual de conferencias espirituales, que se abren al principio de cada invierno. Hay una sola capital en Europa, donde las mujeres hayan llevado más lejos el deseo de adquirir una cultura religiosa superior ? No lo creo.

Ahora bien, todo esto está preñado de consecuencias si se reflexiona en la influencia social de la mujer.

En cuanto a la masa popular, abandonada a si misma y a las sugestiones socialistas, cae facilmente en la irreligión, y en el más brutal materialismo. Esto es cierto, tratandose de italianos, que una vez arrancados a los recuerdos de su tierra no permanecen desgraciadamente fieles, lo mismo que los bretones, a los hábitos tradicionales de su pais natal. En cambio esa masa se deja fácilmente reconquistar cuando escucha a verdaderos apóstoles. De este modo han sido reevangelizados dos vastos arrabales de Buenos Aires, el uno por los Padres de Betharram y el otro por lo capuchinos. Yo he asistido, delante de la iglesia de estos últimos, la parroquia llamada de Nueva Pompeya, a una de las mas hermosas manifestaciones religiosas que me ha sido dado contemplar en toda mi vida. Más de cien mil personas, apiñadas en la inmensa plaza y en las anchas avenidas adyacentes, aclamaban con entusiasmo a la Virgen Maria, cuya venerada imagen fué coronada por el Nuncio apostólico, rodeado de todo el episcopado argentino.

A pesar de las analogias que he observado entre la Argentina y el Uruguay, hay, sin embargo, entre ambos paises diferencias demasiado importantes que han ido manifestandose en el curso de sus evoluciones sucesivas, para que pueda applicarse al pié de la letra a la república Oriental todo lo que llevo dicho de su poderosa vecina. En un articulo que apareció el año pasado en la *Revue des Deux Mondes*, el Sr Enrique Bidou, agudisimo observador, comparaba el Uruguay a una immensa granja, porque la sociedad, en su immensa mayoria, se ha conservado siempre como sociedad rural. La vida intelectual y la vida politica, a la verdad muy activas, se concentran o poco menos, en la capital, Montevideo, que contiene la cuarta parte de la población del pais : 350.000 sobre algo más de un millón de habitantes.

En el campo las tendencias son naturalmente conservadoras, tanto en politica como en religión, gracias a lo cual las costumbres campesinas sirven, con frecuencia, de contrapeso a la acción opuesta de la gran sociedad, que se traduce en leyes muy avanzadas, tomando esta palabra en el sentido revolucionario.

Un francés no puede hablar de los diferentes partidos políticos uruguayos, aun los más opuestos a sus ideas personales, más que con un sentimiento de profunda gratitud porque todos, sin excepción, se han manifestado siempre, y se manifiestan ahora, fieles y ardientes amigos nuestros. Ninguno de nosotros tiene derecho a olvidar que el partido que ocupó el poder hasta el 1º de Marzo 1923 no solo hizo que el Uruguay se alistara entre los aliados de Francia, sino que, despues del armisticio, se prestó generosamente a todos cuantos arreglos financieros le propusimos.

Este partido, el partido rojo o *colorado* tenia por jefe al Sr. Battlle, que aun despues de haber abandonado el poder, renunciando a la presidencia de la república, y negándose a aceptar ningun ministerio, continuó siendo el verdadero árbitro de la politica. Ejercia el gobierno desde los primeros años de este siglo, a consecuencia de la victoria que obtuvo sobre el último de los *caudillos*, o jefes de bandas, que desde hacia largo tiempo, en nombre del partido rural mantenia la guerra civil. El partido urbano venció, bajo la dirección de Battlle, hombre de voluntad enérgica y de inteligencia estrecha, pero muy precisa. Buscando un modelo entre los politicos franceses, creyó encontarlo en la persona del Sr Emilio Combes. Con lo cual está dicho todo lo que los católicos tuvieron que sufrir, y lo muy poco que debe halagarnos a los franceses el que sea nuestro pais el que le procurase semejante modelo. A decir verdad la lucha contra las ideas cristianas se llevó más allá todavia que en Francia. Se suprimieron oficialmente todas las fiestas religiosas, y por un hábil y pérfido refinamiento se las sustituyó por fiestas civiles, pero sin cambiar las fechas. Navidad fué cambiada por la fiesta del Niño ; la Epifania por la Fiesta de la Familia ; Pascuas por Fiesta de la Humanidad, creándose además la fiesta de las Playas y la fiesta de las montañas. Abrigábase, sin duda, la ilusión de que no cambiando los hábitos rutinarios del pueblo, se modificaria insensiblemente su espiritu. En lo cual los modernos revolucionarios daban muestras de más inteligencia que los inventores del « Decadi ». Las cruces quedaron prohibidas en todos los sitios públicos, incluso en las sepulturas de los particulares. Prohibidas, igualmente, todas las procesiones, habiendo además obligado al Arzobispo a suprimir el agua bendita en las iglesias, para prevenir una série de medidas vejatorias que se preparaban, tomando como pretesto la higiene. Los nombres de las ciudades se secularizaron, quedando proscritas todas las denominaciones que recordaban un santo o algun misterio de la Vida de Cristo y de la Virgen Maria. Se introdujo el divorcio, praticándolo con tal amplitud que no tardó, en abrir la via a la unión libre. Se abolió toda distinción entre los hijos legitimos y los naturales. Durante muchos años las violencias populares, toleradas, cuando no sugeridas, acompañaban a las medidas legales, y un sacerdote no podia salir a la calle con traje talar sin ser insultado o apporreado. Sin pretender que haya conexión entre este acto abominable que voy a referir y los precedentes, cómo pasar en olvido que el año último el furor de un fanático se ensañaba contra el piadoso y caritativo Arzobispo Monseñor Aragone, al cual, mientras predicaba desde el altar, un asesino acribilló de balas, que le hirieron gravemente, haciendole pasar varios meses entre la vida y la muerte ?.

Por una feliz contradicción el mismo hombre que perseguia a la religión de esa manera, llevó a cabo la separación de la Iglesia y el Estado con mucha mayor rectitud y honradez que en Francia, pues respetó la jerarquia, y la Iglesia conservó todos sus bienes.

Celosos de su independencia, clérigos y seglares se pusieron a la defensiva y se organizaron. Cada partido empezó a contar, y cuenta. aun, con cierto nùmero de católicos, pero además se creó un partido católico propiamente dicho, al que se dió el nombre de *Unión Civica*. Esos catolicos encontraron no sólo en el clero, sino entre los laicos, jefes eminentes como Zorrilla San Martin, los hermanos Gallinal y el Sr Yeregui y supieron fundar y sostener periódicos llenos de vida como *El Pais* y *El bien Pùblico*, que opusieron no sin éxito, al diario de Battlle *El Dia.* Se constituyeron la Juventud Católica, y otras asociaciones católicas obreras, y hoy más de 400 estudiantes católicos forman un grupo compacto en la Universidad de Montevideo, y van a hacer propaganda por los periódicos. En pocos años las doctrinas católicas parecen haber ganado mucho terreno, produciéndose conversiones muy rumorosas como la del Doctor Morelli, que naturalmente ha provocado despues otras. En suma cuando yo salí de Montevideo en Octubre de 1922, dejé a los católicos llenos de esperanzas y augurando importantes triunfos en las próximas elecciones. Esas esperanzas no han sido enteramente defraudadas y la elección del Sr. Serrato para la presidencia de la república, así como la formación de un nuevo ministerio, han atenuado la dictadura anticlerical de Battlle. Pero cuántos esfuerzos serán todavia necesarios para introducir en las leyes un poco de espiritu cristiano !.

Resulta, pues, que en el Uruguay, como en la Argentina, el catolicismo progresa, circunstancia, dicho sea de paso, sobre la que nuestros gobernantes deberian fijar algo su atención. La evolución del Uruguay ha sido más violenta y más rápida que la de su pujante vecina. Será quimérico suponer que en Argentina no tardará en producirse una crisis de igual naturaleza ?. Probablemente la separación de la Iglesia y del Estado se realizará en un plazo más o menos largo, y yo creo que igualmente otra separación, más marcada, entre creyentes é incredulos. Ya dejaron de verse ideas casi contradictorias conviviendo en el mismo cerebro, y el libre pensamiento de los unos se acentuará en las mismas proporciones que la fé de los otros. Consolidándose en sus posiciones, aunque sea a costa de ciertas contrariedades, los creyentes se lanzarán con más ardor a la acción. Tal es, a lo menos, la esperanza que abrigan los jefes más ilustrados de los catolicos laicos, muchos de los cuales han empezado ya en el momento actual a trabajar en ese sentido. De aqui la interesante experiencia a que se entregan hoy en la Argentina los que alli, como en otras partes, se designan con el nombre de católicos sociales, experiencia que pido permiso para explicar más detalladamente.

CAPITULO IV

La Beneficencia. — El Catolicismo social. — La Union Católica popular. — El Congreso de Córdoba.

A pesar del acentuado individualismo del temperamento ibérico y del caracter eminentemènte tradicional del clero español, algunas instituciones de la Argentina la predestinaban desde tiempo atrás, a ver florecer en su suelo una forma de vida católica, que no buscase sólo la perfección del individuo, sino que atendiese a la sociedad, y procurase sus progresos.

Efectivamente, desde los comienzos de la república la beneficencia y la caridad, en vez de abandonarse a la iniciativa de los particulares, recibieron una organización de conjunto, que acostumbró a los individuos a trabajar en comun, inspirandose en el interés general.

Sólo habian transcurrido trece años desde el alzamiento de 1810, cuando en 1823 el ilustre hombre de Estado que ya hemos tenido ocasión de mencionar, Bernardino Rivadavia, fundó en Buenos Aires la gran *Sociedad de beneficencia*, a la que reservó la dirección de las principales obras filantrópicas y caritativas. Con una percepción muy clara del estado económico y moral de su pais, Rivadavia comprendió que en aquel centro de colonos españoles establecidos en América, con la idea fija y exclusiva de hacer fortuna, la única reserva de abnegación que podia emplearse para aliviar la miseria era la sensibilidad y la caridad cristiana de las mujeres, y resueltamente confió a una sociedad de sesenta señoras, escogidas en las mejores familias, el cuidado de los pobres y los enfermos de la capital.

Su cálculo era excelente. En un siglo que lleva de existencia, aquella obra femenina no ha cesado de prosperar. Las señoras que la componen se reclutan ellas mismas por cooptación, bajo reserva de que el gobierno ha de aprobar sus nombramientos. Eligen un comité de doce miembros para administrar la obra y su presupuesto, un presupuesto que asciende a la importante suma de veintidos millones de francos. Esa prosperidad ha mortificado el orgullo masculino, que intentó, con poco éxito, echar abajo el monopolio femenino. Y lo cierto es que la Sociedad de beneficencia se halla tan floreciente y que la conciencia, el celo, el desinterés y la prudencia de sus miembros son tales, que cabe preguntarse qué ventajas reales podria producir la intrusión de los hombres en aquel organismo.

Esta sociedad dirige en Buenos Aires el gran hospital de Rivadavia, uno de los mas hermosos de la repùblica, que puede albergar aproximadamente á 600 mujeres; dos casas de locas; un hospital para niños expósitos: muchos establecimientos de huérfanos y huérfanas; varias « gotas de leche »: y cerca de Mar del Plata dos hospitales, uno para tuberculosos y otro para escrofulosos. Otra sociedad de damas posée y dirige las casas de *asilos mútuos* del patronato de la infancia.

Un libro de la Señora Celia Lapalma de Emery, titulado: *Acción pública y privada en favor de la mujer y del niño en la república Argentina*, presenta el cuadro de todo lo que se ha hecho sea por los municipios, sea por iniciativas particulares, especialmente femeninas, en favor de la mujer y del niño. Alli se encuentran, entre otras preciosas ilustraciones, los retratos de las mujeres influyentes y generosas que han estado a la cabeza de aquella obra de beneficencia organizada.

Mucho mas reciente es otra empresa del mismo órden, cuya iniciativa se debe a una mujer perticularmente activa, la Señora Oliveira Cezar de Wilde, viuda de un distinguido hombre de Estado que fué, en el espacio de catorce años, ministro de lo Interior en la Argentina, y despues representante de su pais en Méjico, en Washington, en Bruselas, en la Haya y en Madrid, donde murió. Presidenta del *Comité central de damas* y vice-presidenta del *Consejo Supremo de la Cruz Roja Argentina*, presidenta de honor de la institución de los *Boys Scouts*, presidenta de la *comisión de las iglesias y obras parroquiales*, y por último de la *Obra de las escuelas y de los hogares de enfermeras*, la Señora de Wilde, justaménte alarmada por la enorme desproporción entre los recursos de la capital y los del interior del pais, concibió y realizó, en Octubre de 1922 la hermosa idea de una *Confederación nacional de beneficencia* extensiva a todas las provincias. En un año se formaron en muchas ciudades comisiones de Damas, que contaban en sus filas a las esposas de los hombres politiços mas influyentes. Quiera Dios que puedan sostener efizcamente según sus propósitos las instituciones más pobres y venir en ayuda a las poblaciones más necesitadas ! !.

Seria injusto, ya que hablamos, por brevemente que sea, de la asistencia pública en la Argentina, pasar en silencio el nombre del Doctor Cabred, presidente de la *Comision consejera de los asilos y hospitales nacionales*. Este filántropo activo y entusiasta que, si he de dar crédito a la dedicatoria del hermoso libro que me ofreció conteniendo todos sus discursos de inauguración, estima que « las obras destinadas a socorrer al prójimo son las más agradables a los ojos de Dios », ha consagrado su existencia entera al progreso de las obras médicas y sociales en todo el territorio de la república. Singularmente ha trabajado en la creación de manicomios modernos, cuyo tipo mas perfecto es el de Lujan, donde se aplica el sistema de « la puerta abierta » que tanto impresionó al Sr. Clemenceau. El Doctor Cabred ha estudiado a fondo toda la organización de Francia y de Bélgica, pero segun demuestran sus discursos donde ha buscado de preferencia sus modelos es en Alemania y en Escocia.

En nuestra cualidad de franceses no nos es licito ignorar que un compatriota nuestro, el Sr. André Fouet, oficial de marina estacionario en la desembocadura de La Plata, padre del distinguido profesor de nuestra Universidad católica, fué quien en 1858 y 1859 fundó en Montevideo, y luego en Buenos Aires, la primera conferencia de San Vicente de Paul. La república Argentina cuenta hoy con más de ochenta, que no se limitan a visitar a los pobres a domicilio, sino que costean diferentes asilos para viudas, pobres y huérfanos.

En resúmen, la Argentina nos parece uno de los primeros países del mundo en materia de asistencia. No hay ni una miseria para la cual no se busque refugio, y todos esos refugios están ricamente dotados, gracias á la incomparable generosidad de familias acaudaladas, que tienen a gloria gastar noblemente su fortuna. Un solo temor me asaltaba á veces al visitar tan hermosos establecimientos. Ya lo he dicho en la Academia Francesa, pero no creo inutil repetirlo aquí. Al brindar con tantos abrigos de todas clases a ambos sexos, a todas las edades, a todas las condiciones, no se corre el riesgo de disminuir la vida de familia ? No equivale a encaminarse a una especie de socialización, en nuestro sentir peligrosa?. Los socialistas ya se han percatado de ello. Ese bienestar común, ese lujo relativo, no acabarán por engendrar el hastio hacia la vida más dificil y más cargada de responsabilidades que se lleva en el hogar doméstico ?. Lo por venir responderá a esta pregunta, pero si hay exceso confesemos que este proviene de un sentimiento muy noble y muy humano.

Lo que precede basta para probar que la Argentina era un campo bien preparado para el florecimiento del catolicismo social. Ese florecimiento, sin embargo, no data más que de 30 años, retrasando de cerca de 20 sobre el movimiento análogo provocado entre nosotros principalmente por Alberto de Mun.

El 2 de Febrero de 1892, un aleman, el R. P. Grote, fundo en Buenos Aires el primer circulo católico de obreros.

Sucesivamente, religiosos, sacerdotes seculares, y celosos laicos, siguieron el movimiento, y hoy toman parte en él todos los directores de la vida católica, casi sin excepción alguna.

A su cabeza muchos Padres jesuitas dirigen una obra análoga

a la que persiguen en tierra francesa sus hermanos de la *Acción popular de Reims*. Uno de ellos, el R. P. Palau, procedente de Barcelona, autor de un libro muy difundido en todo el universo cristiano : *El católico de accion*, y de otros muchos escritos análogos, parece haberse inspirado, poniendola al servicio del catolicismo, de la fecunda idea de Rivadavia, para lo cual se ha convertido en predicador de oficio si asi puede decirse de las responsabilidades y de los deberes sociales de la mujer. En la segunda *Semana social* de Montevideo, dió en una conferencia tan extensa como elocuente, el resúmen de sus ideas sobre el particular. Adaptando de un modo originalisimo a su tésis la frase por la cual la Santa Escritura designa a nuestra madre común, Eva, *mater cunctorum viventium*, afirmó que la mujer es la madre de todas las causas que viven, y que mientras una sociedad, por corrompida que esté, cuente en su seno con mujeres que tengan conciencia de sus deberes, nada hay perdido : toda idea o toda moda que las mujeres adopten acaba por triunfar.

Asi, por ejemplo, donde quiera que un grupo de mujeres lo ha querido, se han fundado sindicatos femeninos, arrollando todos los obstáculos ; resistencias de los patronos egoistas, indiferencia o espiritu sectario de los gobiernos, recelos de gentes de bien, pero timoratas, desconfianza de los mismos trabajadores.

La *Unión Central de los Sindicatos profesionales femeninos*, establecida en Paris, calle de l'Abbaye, y la *Acción catolica de la mujer*, la gran institución femenina de España, sirven al P. Palau para excitar el celo de las mujeres de la Argentina y del Uruguay, a las que echa en cara con violencia (y cuántas mujeres francesas podrian aplicarse la lección !) una educación impregnada de *individualismo* y de *inutilismo*. Les reprocha igualmente contentarse con ser en el mundo un objeto de adorno : divertirse y brillar, reservando a Dios un poco de piedad sentimental y al prójimo que sufre una caridad aparatosa y alegre : tal es la síntesis de su vida, en la que hasta la caridad se petrifica. Más vale prevenir los males que remediarlos. Si el buen Samaritano hubiera podido impedir que el pobre viejo cayese en manos de los ladrones, le hubiese prestado un servicio mayor aún que el de curarle sus heridas. Tal es el fin de la acción social y del sindicalismo cristiano, y no hay otro medio para luchar contra un individualismo feroz y contra el poder centralizador del Estado. Que todas las mujeres de corazon se alisten para esta nueva cruzada !.

No contento con apelar a todas las buenas voluntades personales, el P. Palau se propone utilizar, en pró de la misma causa, las congregaciones marianas que son, en el mundo láico, una prolongación de la Compañia de Jesús [1].

El 27 de Agosto último, acogido por *Vivas* ! en honor de Francia, asistí a una sesión muy patriarcal de los circulos obreros de Buenos Aires, presidida por un obrero de los talleres salesianos D. Carlos Comas. Alli oí a tres oradores. Un jóven sacerdote que habia pasado dos años en Europa, y que se expresó con la vemencia habitual en nuestros abates demócratas, sobre la obra de la revolución francesa y del liberalismo económico. El Obispo, Monseñor Orzali, puso las cosas en su punto, con precisión, con ingénio, con gracejo, con emoción, trazó la linea segura que habia que seguir, y no temió aludir a las luchas que tanto han contribuido a dar su temple actual a las almas francesas Por último un seglar, el orador poeta de Montevideo, Zorrilla de San Martin, exaltó todos los corazones y los fundió en uno solo, al calor de su vibrante elocuencia.

Desde que concluyó la guerra mundial ese movimiento tiende a centralizarse y organizarse bajo una dirección única y poderosa : tal es su caracteristica de hoy y me parece bastante original para que insistamos en ella.

El 21 de Abril de 1919 una carta colectiva del Episcopado argentino dió a conocer al público la fundación de una *Unión popular católica argentina* (U. P. C. A.), cuyo plan habian meditado profundamente los Obispos. En él se proponia nada menos que la federación de todas las instituciones catolicas de aquel immenso pais, cinco o seis veces mayor que Francia, segun ya llevo dicho.

1. Acción integral de las Congregaciones marianas, Buenos Aires, 1922.

Cuáles serían los órganos esenciales de esa federación ?. Primeramente un órgano central, la *Unión popular* propiamente dicha, que abarca todas las otras ligas y particularmente la Union popular de los católicos de sexo masculino, y en segundo lugar la *Liga católica de las mujeres argentinas*, la *Liga argentina económica social* compuesta de todas las instituciones de esta categoría, masculinas o femeninas, que han consentido en adherirse a la Unión.

Territorialmente la U. P. C. A. está organizada de este modo : En cada parroquia dos *juntas* o comisiones, una de la Unión popular de los hombres y otra de la Liga catolica de las mujeres. En esas juntas entran, de derecho, todos los presidentes y las presidentas de las obras federadas. Los católicos que no pertenecen a ninguna de esas obras, se constituyen en grupos, a los cuales se atribuye un jefe, encargado de las convocaciones, distribución de impresos, etc. Cada junta tiene un presidente o una presidenta, elegidos por todos los miembros. El párroco es asesor nato de ambas juntas.

En cada diócesis dos *juntas diocesanas*, análogas a las juntas parroquiales, elegidas por todos los presidentes y asesores de las juntas parroquiales de la diócesis, y además una junta de la *Liga de la juventud* y otra de la *Liga económico-social*.

En Buenos Aires tienen su sede : 1° la *junta nacional* de la U. P. C. A. que dirige el conjunto de la institución, y sin intermediarios, la Unión popular de las hombres ; 2° las tres *juntas superiores* de la Liga de Damas, de la Liga de la juventud y de la Liga económico-social, subordinadas a la junta nacional.

Todas estas autoridades superiores las eligen los representantes de las *juntas diocesanas*, a excepción del presidente y de los asesores de la junta nacional, que son nombrados directamente por el Episcopado.

A imitación de la oficina central del *Volksverein* aleman, se ha constituido un *Secretariado nacional*, con residencia en Buenos Aires, y todo es encaminado a aquel centro de propaganda, trabajo, administración, publicaciones, informaciones y consultas.

Las instituciones no viven más que gracias a los hombres, y el alma de esta es Monseñor Michel de Andrea, Obispo titular de Temnos, antiguo director espiritual de los círculos católicos de obreros, y párroco de San Miguel de Buenos Aires, asesor eclesiástico, nombrado por el Episcopado, de la junta nacional. Este prelado, de fisonomía distinguida y fina, de perfecta educación, de una piedad que raya en el misticismo, y de una elocuencia a la par cálida y florida, ejerce sobre la sociedad un verdadero poder de seducción. Pero posee además un raro sentido político, y excepcionales dotes de gobierno, que le permiten dirigir sin demasiados rozamientos, una obra tan compleja. Por otra parte se halla muy bien secundado. Hasta el mes de Septiembre 1922, tuvo por jefe a Monseñor Franceschi, hombre de vigoroso temple y de incansable actividad, orador elocuente en lengua española y en lengua francesa (en Paris le habiamos oido el año anterior), escritor que acredita en sus obras una vasta cultura general. Basta decir que es el autor de una obra considerable sobre *La literatura espiritualista francesa en el siglo XIX*. Como sociólogo cristiano ha expuesto sus ideas en un volumen titulado : *La democracia y la Iglesia*, en el que declara la guerra al individualismo pasado ya de moda, dice, y que debe ser sustituido por el *societarismo*. Monseñor Franceschi es hoy delagado general de la Unión, con encargo de promoverla y organizarla en todas las diócesis argentinas.

En el Secretariado le ha sucedido Monseñor Usshex, otro lugar-teniente de Monseñor de Andrea, al que habia ayudado a redactar los Estatutos de la Unión[1].

Los presidentes de las grandes asociaciones son seglares : el de la Unión popular de los hombres es el Sr. Beccar-Varela, el de la Juventud católica el Doctor Cáceres, hombre de gran valer, a los que me complazco en manifestar mi gratitud por la benevolencia con que me han presentado a los grandes públicos de la capital.

A la cabeza de la *Liga catolica de las Señoras* está una mujer

1. Desde los incidentes relativos al arzobispado de Buenos-Aires, monseñor de Andrea se ha eclipsado voluntariamente.

entre todas eminente, la Sra. Ana Elia de Ortiz Basualdo, que habiendo quedado viuda muy jóven distribuia sus horas entre la educación de sus hijos y las buenas obras. Una vez que sus hijos adquirieron una situación, sólo pensó en las buenas obras, a las que consagró su tiempo, su fortuna, su potencia de trabajo, su inteligencia práctica y clara, su corazón valiente y generoso, en el que no hacian mella ni los desengaños ni las ingratitudes. Asistíanle como vice presidentas, otras dos mujeres de mérito, la Señora Moutier de Pirán y la Señora Achaval de Cantilo. Por supuesto que en el Consejo Superior de la Liga figuran los nombres más ilustres y más respetados de Buenos Aires.

Cuál es concretamente, el fin que persigue la Unión popular católica argentina?. Nos lo dicen los articulos 2 y 3 de los estatutos: promover, coordinar, organizar y dirigir todas las fuerzas católicas de la Argentina, conforme a las instrucciones del Episcopado; educar la conciencia de los católicos para conducirles a la integra y franca observacia de sus deberes, al ejercicio práctico de sus derechos religiosos, morales, sociales y civicos, tendiendo a la restauración cristiana de la sociedad, a la defensa de la Iglesia y al mejoramiento de las clases populares: desarrollar el espiritu práctico y militante de los católicos, multiplicár sus organizaciones, dando a todas el mismo programa y la misma orientación; presentar al pueblo el principio de órden y el de autoridad como condiciones fundamentales de toda potencia y de toda grandeza civil, y el amor de la patria como una activa virtud cristiana, operante, que tiende a hacerla cada dia más prospera, más influyente, más respetada entre las naciones y esto por medio de una consciente y constante participación en la vida y en el desarrollo de todas las instituciones y de todas las actividades nacionales; por último; demostrar como la doctrina social católica ofrece los principios mas seguros de caridad, de justicia, de igualdad y de fraternidad, y que por consecuencia, aviva en la conciencia del pueblo el sentimiento de una solidaridad que conduce al socorro mútuo, a la protección de los derechos y de los intereses legitimos de cada clase, en una palabra, a la defensa de todos los principios sobre los cuales descansa la civilizacion cristiana.

Inmenso y magnifico programa, pero cuán dificil de realizar !. Porque no se trata únicamente de poner sobre el papel cuadros de oficiales, sino que lo que importa es unir realmente las voluntades y obtener que se renuncie a ciertas autonomias antiguas y respetables.

Apenas se instalaron las primeras juntas, en la primavera de 1919, principiaron las luchas de los dos lados de la barricada a la vez.

Los que empezaron fueron los adversarios, que se avenian a tolerar un catolicismo personal y moderado en sus manifestaciones, pero que encontraban odioso y amenazador un catolicismo organizador y emprendedor, aspirando a una acción social en toda la república.

Entre los mismos catolicos, algunos, por no decir muchos, se alarmaban, temiendo las tendencias democráticas que, a su juicio, debian predominar en la dirección de la Union. No pocos temian que prácticamente iba a salir comprometida la autoridad de la jerarquia, otros temblaban por el porvenir de sus obras parroquiales ; las órdenes religiosas presentian una probable disminución de su influencia espiritual ; las terceras órdenes, las congregaciones marianas, las asociaciones de hijos o hijas de Maria, pensaban que acaso iban a sucumbir, o por lo menos a cambiar de dirección.

Y hay que confesar que algunos de esos temores no eran del todo quiméricos.

Qué hacer? Perseverar a pesar de todo. Y eso fué lo que se hizo. Una colecta organizada a la americana, con procedimientos estrepitosos, pero eficaces, reunió par suscrición, en la sola ciudad de Buenos Aires, cuarenta millones de francos, de los que a la verdad no todos se recaudaron efectivamente.

Se comenzó, como era natural, por instalarse. La sede principal se puso en un hermoso edificio de la Avenida de Mayo la parte más bulliciosa de Buenos Aires. La Liga de Damas empezó a construir su inmueble, y la juventud católica contaba ya con su Ateneo.

En Buenos Aires y en Paraná principiaron a elevarse casas

obreras y se fundaron sindicatos obreros y sindicatos agrícolas; redactáronse gran número de tratados de caracter práctico, en los que se estudiaban todos los aspectos del problema social, así como las cuestiones religiosas más discutidas; se prestó apoyo y estímulo a varias instituciones útiles, y se invitaron algunos misioneros extranjeros. Tambien fué la Unión popular católica argentina la que tomó antes que nadie la iniciativa de proponer la misión del Sr. Le Goffic y mia. Ella fué igualmente la que, gracias a la generalidad de su acción, pudo poner en movimiento masas como la de los 25.000 niños que desfilaron delante del cardenal Gasquet, y organizar importantes congresos.

Yo tomé parte, desde el 9 hasta el 11 de Setiembre, en el de Córdoba. Ya he dicho algo de esta antigua ciudad religiosa y universitaria, hoy tan curiosa por los contrastes que en ella se observan. Antiquisimas familias de origen español viven en aquellos hogares y parecen ser como el conservatorio de la España del siglo XVII, lo mismo que sucede a algunas familias canadienses, en las que revive la Francia de Luis XIV. En ellas se respetan las añejas costumbres, se cantan las mismas canciones se refieren las mismas historias tradicionales. Al lado se bailan las danzas modernas, se visten las gentes con arreglo al último figurin de la moda, se hace alarde de vituperar o ridiculizar a los profesores católicos, pero todo el mundo se pone de acuerdo para considerar a Francia como el foco siempre vivaz, del ateismo y de la revolución. En la visita que hice a la redacción del periodico *Los Principios*, donde por otra parte se me recibió con la más perfecta cortesia, todos se asombraron al oir de mi boca que los Sres. Combes y Briand no habian cerrado todas las iglesias, que los curas franceses podian pasearse por las calles con sotana, y por último que nuestros presbiteros soldados no habian apostatado, a lo menos en una proporción del 50 por 100, despues de la guerra. La desconfianza que les inspirabamos era tan grande, que muchos católicos se habian opuesto a mi visita ardientemente sostenidos por cierto número de franc masones de la colonia francesa, en su mayor parte refractarios al deber militar.

Todas aquellas intrigas fueron, por supuesto, desbaratadas y no sólo las autoridades eclesiásticas, sino los capuchinos y los jesuitas, tan poderosos aún hoy dia en Córdoba, me dispensaron la más fraternal acogida, y cuando presentado por un antiguo alumno del Instituto católico de Paris, tomé la palabra, en el curso de la sesión de clausura del Congreso, todos aclamaron en mi persona à la Francia católica.

De las sesiones mismas del Congreso, de los discursos y de los informes, nada diré, pues trátese de Córdoba o de Paris todo es igual, salvo, acaso, que en la Argentina se respetan algo más que en Paris las formas parlamentarias. Pero sobre lo que no puedo callarme es sobre las grandes manifestaciones que se produjeron el domingo.

Ante todo la misa pontifical, celebrada por el nuncio, ante innumerable asistencia (en la catedral) de hombres y de jóvenes. La catedral es un monumento del siglo XVII, que equivale a la Edad Media argentina.

Despues el interminable cortejo de los alumnos de las escuelas, niños y niñas, de la Liga de las Damas católicas, de la juventud católica, de los delegados de sesenta y cinco parroquias (en la diócesis hay 72) adheridas a la Unión, y por último, de los amigos de esta gran asociación. Todos los Obispos argentinos presentes en Córdoba, y yo con ellos, asistimos al desfile delante de la puerta del palacio episcopal, antes de ponernos a la cabeza de las delegaciones masculinas. En el balcón el Nuncio y el Obispo diocesano. Aun me parece ver una pobre vieja criolla, que suspendió la marcha del cortejo y le inmovilizó bastante tiempo, por haber caido, con las manos cruzadas, en una actitud de adoración o de éxtasis delante de aquel grupo de los Sucesores de los Apóstoles.

El cortejo se dislocó en la Plaza Mayor, donde varios oradores populares, Monseñor Napal, Monseñor Franceschi, el capuchino Artavia y algunos seglares tomaron la palabra al aire libre con voz de trueno, los unos desde lo alto de un balcón, los otros desde el pedestal de una estátua, provocando indecible entusiasmo. El cual se renovó por la noche con motivo de los numerosos discursos pronunciados en el teatro.

Aquella ciudad — salta a los ojos — está llena de elementos excelentes que sólo aguardan á que se los organice para devolver todo su esplendor al catolicismo. A consecuencia del Congreso, sólo en la provincia de Córdoba se recogieron diez millones de francos.

Todo el problema consiste en saber si la Unión popular conseguiría o no triunfar de los obstàculos que pueden oponersele.

Por mi parte no lo juzgo imposible.

Sin duda ha de tropezar con la vivisima hostilidad de los libres pensadores militantes y de los socialistas. Sin embargo como la anima un profundo espiritu nacional, como en la Argentina no existen cuestiones constitucionales que puedan servir de pretesto á ciertos ataques, paréceme poco probable que la U. P. C. A. pueda ser cohibida en su desarrollo por medios ilegales o medidas persecutiorias.

El actual gobierno del Sr. de Alvear no cabe duda que está más bien inclinado en su favor. Hasta bajo la presidencia del Sr. Irigoyen, Monseñor de Andrea, jefe de la Liga, obtuvo mucho del gobierno, y supo conjurar medidas contrarias a los intereses de la Iglesia. Todo hombre sensato reconoce hoy dia que la religión es el principal baluarte contra la anarquia, que por todas partes nos amenaza. Moralizar a los hombres y someterlos a una jerarquia, que consideren como sagrada, es la mejor manera de protejerlos contra extravios cuyas consecuencias son los primeros en deplorar aquellos que los provocan.

En cuanto a los católicos, cierto que siempre habrá entre ellos tendencias diversas, lo cual no es un mal, pero para todos es evidente que en adelante les es imposible mantenerse alejados de la acción social. A esta necesidad responde la Unión popular, que por otra parte no anula las otras influencias. Las terceras órdenes, y las asociaciones piadosas que dependen de algunas congregaciones, se proponen ante todo la perfección del individuo, según cierto ideal, cierta regla y ciertos principios espirituales. Porqué cada uno de esos grupos no habia de conservar su espiritu y su dirección propios, coordinando al mismo tiempo su acción en el órden social con la de una organización general como la U. P. C. A ? Esta se halla tan por completo en manos del Episcopado, que todos los años se reune en Buenos Aires, que nadie puede abrigar el temor de que se extravie por senderos peligrosos.

Qué fuerza daria esa unidad a los católicos! Claramente lo veia Benedicto XV cuando escribió al Arzobispo de Buenos Aires, Monseñor Espinosa : « Podemos considerar esta Unión como providencial, y confiamos en que no ha de tardar en dar felices frutos ».

Pio XI reiteró y renovó esos estimulos expresamente en el mensage que dirigió al Congreso de Córdoba.

No habia transcurrido aun un mes, cuando con motivo de la entrega solemne de la condecoración *Pro Ecclesia et Pontifice* à la presidenta de la Liga de Damas catolicas, el Nuncio y el Cardenal Gasquet, a punto de embarcarse para Europa, felicitaron en nombre del Papa tanto a la Liga de Damas, como a la Unión entera. El nuncio manifestó el deseo de que su palabra resonara desde el Atlántico a los Andes, llegando hasta las más humildes parroquias, y los elogios que el Cardenal prodigó a manos llenas a aquella gran asociación, produjeron una emoción tanto más honda cuánto que el ilustre purpurado era el primer miembro del Sacro Colegio que pisaba el suelo de la Argentina.

Si la arriesgada tentativa de los católicos argentinos prospera, podria servir de ejemplo a sus hermanos de Europa y de Francia, que tan necesitados están tambien de unirse y no dispersar sus esfuerzos.

CAPITULO V

La sociedad. — Tradiciones de la familia Española. — La mujer y la doncella. — Habitos europeos. — Los viajes y las veleidades del regreso a Europa.

Despues de lo que acabo de decir sobre la raza, la cultura y la religión, no es dificil deducir, aun *a priori*, que a pesar de la diferencia del ambiente y del desarrollo económico, la sociedad argentina, lo mismo que la urugaya, no puede ser, en el fondo, más que una sociedad europea. Los hechos confirman esta hipótesis. Allí volvemos a encontrar a la Europa latina, que se revela ante todo en la constitución y en la vida intima de lo que forma la base de toda sociedad : la familia.

Pronto hará dos años, alguien llevó a mi casa un libro, rogàndome lo hiciera publicar. Titulábase : *La voz de una Madre*, y estaba traducido del español. Era el grito de angustia y de esperanza de una mujer que habiéndose quedado viuda muy joven, con un hijo de diez y ocho meses, temia morirse dejando inacabada su educacion, y con este temor le ponia por escrito todas las lecciones y consejos que a una madre puede sugerir un corazón tierno lleno de amor a Dios.

En aquellas páginas revivia la historia del alma de nuestras familias católicas, las de España, las de Francia, las de Itália, las de todos los sitios en que el catolicismo ha penetrado hasta los tuétanos. Aquella madre, la Señora de Saavedra era una española de buena familia, de una familia como las que gravitaban en torno a Santa Teresa en la España del siglo XVI, o en torno a Madame Acarie, a Santa Chantal, a S. Francisco de Sales y a Berulle en nuestro siglo XVII. El hijo que deseaba formar se anunciaba como el noble o el gran burgués cristiano, cuyo tipo ideal supieron realizar nuestros padres, y algunos de nuestros contemporaneos, y evocaba delante de nuestra imaginación una larga série de antepasados.

El sentido de la tradición, del espiritu de familia, de la piedad cristiana se manifestaban en nuestro autor mediante un simbolo conmovedor que colocaba delante de los ojos de su hijo. Ese simbolo, le decia, estará en el cuarto principal de la casa, el cuarto en que murieron tu padre y tus abuelos, y es una imágen que todos contemplaron antes de exhalar el último suspiro.

« Cuando abriste los ojos a la luz, lo primero que viste fué la lámpara que ardia delante de una imágen sagrada. Aquella luz tiene su historia, que tu padres empezaron y que espero continuarán tus hijos y tus nietos. Voy a contartela.

« Como no es posible a una miserable criatura estar en perpétua adoración delante de su Dios y Señor, convinimos tu padre y yo en que, el dia de nuestro casamiento encenderiamos una lámpara delante de la imágen del Sagrado Corazón, y que esa lámpara seria el emblema de nuestro amor a Dios por encima de todas las cosas, prometiéndonos mutuamente que aquella luz no se apagaria mientras uno de nosotros dos viviera. Revestida yo con mi traje de desposada para ir a la capilla de Nuestra Señora de las Mercedes, donde nos casábamos, encendi con mis propias manos esa lámpara. Han pasado diez años y ni un solo dia ha cesado de brillar, ni cesará mientras yo conserve la vida. Espero, hijo mio, que tu nunca te resolverás a apagarla, sino que al contrario encargarás a tus hijos que la sigan siempre alimentando, porque representa la fé de tu padre, esa fé, que es el blasón más noble y mas rico del que debereis glorificaros. Educa a tus hijos como yo te educo a ti ».

Tal es el voto que surge de aquel corazón maternal; tal la antorcha que, durante siglos, las madres españolas y cristianas como esta, han pretendido transmitir a su prole, y esas madres, no hay que olvidarlo, son las fundadoras de las antiguas familias que encontramos en la cuna de los Estados latinos del Nuevo Mundo.

« Pero, se me objetará tal vez, esas familias han andado desde entonces mucho camino, y su punto de partida se pierde ya en las brumas del pasado. Cuando hoy contemplamos a este o aquella, que vienen de aquellos paises de Ultramar y que se manifiestan en Europa tan ávidos de los placeres que, para ellos, resumen la vida de Paris, vuestro edificante cuadro nos hace sonreir ». No hay que sonreirse a la ligera, y no caigamos en el defecto que, con tanta razón echamos en cara a los extranjeros cuando juzgan a los franceses. No juzguemos a todos por algunos; no tomemos al fastuoso viajero, huésped de paso en los barrios consmopolitas de una capital extranjera, como el tipo representativo de todos sus compatriotas que viven en el hogar doméstico, no pensemos que todo el pasado ha muerto en la familia argentina. Generalizando asi, seriamos victimas de una grosera ilusión.

La verdad es que algunos rasgos esenciales de la antigua familia española subsisten en la familia argentina, en la que se encuentran particularidades que no han dejado de asombrar a algunos observadores franceses, tampoco muy fieles admiradores de la tradición.

Que demasiados hombres no respetan como debieran el vínculo conyugal; que aun se ve a muchos continuar después del matrimonio la vida de disipación en la que entraron al salir de la adolescencia; no lo niego. Los deseosos de buscar a todo circunstancias atenuantes, podrán invocar el clima, el contacto habitual con elementos más bien averiados, la frecuentación de viciosos que vienen de todos los puntos del mundo, la febril agitación de un pais donde se está creando todo, las ganancias enormes y súbitas, sucediendo a periodos de incertidumbre y a veces de angustia, el gusto de las emociones fuertes que engendra este estado de cosas, y que el juego y las especulaciones no bastan siempre para satisfacer por completo, el desequilibrio moral resultante de tantas causas reunidas y que a veces conduce hasta el suicidio, todo eso es exacto; pero no es a mi a quien incumbe presentar excusas a los que, en medio de todo, guardan su libertad moral y el dominio de sus facultades. Lo que si quisiera retener y hacer resaltar es que, si bien las debilidades abundan, la perversidad es muy rara. Nadie quiere el mal por el mal, ni erige el mal en bien ni se enorgullece del mal que haya podido hacer, ni se pavonea por sus « buenas fortunas », o conquistas amorosas (rasgo que llamó particularmente la atención del Sr Clemenceau), y en general tampoco trata nadie de introducir en los matrimonios respetables y unidos el huracan de las pasiones o de los deseos pecaminosos. El que siente esas tentaciones, va a satisfacer su sed de placeres en otras fuentes, que ciertamente no escasean en una ciudad como Buenos Aires.

Admitido esto no olvidemos que, con rarisimas excepciones, todos esos hombres trabajan, ocupan empleos muy absorbentes, manejan negocios abrumadores, explotan racionalmente sus *estancias*, y el trabajo, en la Argentina como en todas partes, es moralizador. Guardémonos, pues, de generalizar, sobre todo en cuestión tan delicada! Cuántos hombres dignos de todos los respetos he encontrado en Buenos Aires, y proporcionalmente más todavia en las provincias! Y lo que he dicho sobre la religión, puede hacerse extensivo a las costumbres.

Cuál es la actitud de la mujer dentro de su hogar, delante de la ofensa o de desengaños que su corazon puede sentir? Casi siempre la actitud de la cristiana más prudente, más digna y más virtuosa. Las faltas del cónyuge no piensa nunca que pueden bastar para excusar las suyas. Hasta los celos del marido no la ofuscan, porque conoce la tradición secular de España, influida acaso por la del conquistador árabe o berebere musulman. Las verjas de las severas casas de Aragón, de Navarra y de Castilla, deben surgir, sin duda, en su memoria. Recibir en su interior, intimamente y a solas a otro hombre que su marido, no le parece aceptable y se extraña de la costumbre contraria de algunas francesas, mujeres por otra parte, honradisimas. En todos los sentidos la mujer argentina es el ángel custodio del hogar.

« A mujer casada, se le rompe la pata » dice un proverbio español que el publicista Julio Huret ha comentado irónicamente, con deplorable ligereza, incitando a las mujeres argentinas a sacudir el yugo y a emanciparse reclamando el divorcio[1].

Lejos de seguir ese consejo han hecho todo lo contrario. Por dos veces, gracias á su enérgica intervención ha fracasado la ley de divorcio, á punto ya de ser votada. Porque la mujer argentina ejerce, en el más alto grado posible, sobre la sociedad la misma clase de influencia que sus hermanas latinas de Europa. No vota, ni trata de votar, no funda clubs estrepitosos, no « juega al hombre » como en otras partes pero abre y cierra sus salones, en los que quiere, y consigue, que su voz y su voluntad reinen como soberanas. En su presencia los políticos, intransigentes en las reuniones públicas, se vuelven mansos como corderos, temen desagradar y no quieren exponerse a que se les expulse del « Mundo », en el que aspiran a figurar. Para conseguirlo se dejan persuadir hacen concesiones, y cuando se comprometen a algo, les señoras que han recibido sus promesas, no dejan de asistir al Senado y la Cámara, para recordárselo, escuchan los discursos, vigilan los escrutinios, y no dejan pasar nada.

Y así seguirá sucediendo mientras los elegidos y los gobernantes pertenezcan, como hoy a la « buena sociedad », sea cual fuere su partido. Acaso no durará esta situación mucho tiempo, porque ya principia a infiltrarse en el parlamento una plebe brutal y grosera, plebe en la que algunos hombres de gobierno manifiestan intenciones de apoyarse directamente. La evolución no hace mas que iniciarse, y dista mucho de ser completa, de suerte que la mujer bien educada, instruida y cristiana conserva su imperio sobre esos hombres que todos, más o menos, bebieron algun tiempo en las aguas de la tradición, siquiera fuera únicamente en su juventud.

Mientras que he estado en la Argentina, las Señoras de Buenos Aires han contribuido eficacisimamente, con su influencia al acto

1. Julio Huret : En Argentina, t. II, *La Sociedad, las mujeres* p. 33 siguientes.

varonil y digno de elogio del presidente Irigoyen, que por su mensage del 19 de Setiembre, tres semanas antes de abandonar el poder, sustrajo a las deliberaciones del Congreso el proyecto de ley sobre el divorcio, ya casi a medias votado.

« Nuestros hogares, decia aquel documento memorable, desde los más modestos, viven felices bajo los auspicios de sus leyes, y su primordial preocupación la constituye su embellecimiento y su bienestar positivo.

El tipo ético de familia que nos viene de nuestros mayores, ha sido la piedra angular en que se ha fundado la grandeza del país ; por eso el matrimonio, tal como está preceptuado conserva en nuestra sociedad el sólido prestigio de las normas morales y jurídicas en que reposa. Toda innovación en ese sentido puede determinar tan hondas transiciones que sean la negación de lo que constituye sus más caros atributos.

No basta que el matrimonio esté regido por el código civil para llegar a la conclusión de que es susceptible modificarle en su esencia por simple acto legislativo. »

Defensor de la constitución politica el presidente se miraba, con mayor razón, como defensor de la constitución social, y no admitia que esta se pusiera a merced de las jugadas de una mayoria. Si el divorcio es nefasto en todos los paises cuánto más en aquellos que compuestos de elementos heterogéneos y movedizos, no tienen otra fuerza de agregación que el indisoluble lazo conyugal, manteniendo la integridad del hogar ! Dios quiera que la Argentina se mantenga firme en esa dirección, y que el Uruguay dé máquina atras.

Lo porvenir depende en gran parte de la educación que se recibe en la familia. Seguramente los padres, el padre como la madre, piensan en mañana, y amando tiernamente a sus hijos aspiran a transformar a los niños en hombres, hombres perfectos. Pero para esa transformación el cariño no basta. « Nuestro mayor enemigo (el enemigo de las madres) dice el libro que he citado más arriba, es precisamente el immenso amor que profesamos a nuestros hijos, amor que con frecuencia contribuye a convertirlos en tiranos nuestros, obligándonos a transigir cuando son pequeños, defecto que deberiamos corregir inmediatamente y que dejamos desarrollarse con el firme propósito de hacerle desaparecer cuando sean mayores ! Ilusión funesta ».

Esta ilusión es la de muchas madres argentinas, y no pocas madres europeas, y sus consecuencias no tardan en tocarse, agravadas por la excesiva indulgencia de los padres cuando se trata, sobre todo, de cuestión de costumbres. En la educación de las hijas se observa mayor firmeza, preparando, en general, a la sociedad futura mujeres dignas de sus madres.

Absorto, sin duda, por la visión menos encantadora del mundo politico — a no ser que las hijas de sus huéspedes estuvieran paralizadas por su mirada de Tigre — el Sr Clemenceau se ha atrevido a afirmar que « a imitación de lo que sucede en Francia, y generalmente en todos los paises latinos, las jóvenes solteras, en la sociedad argentina, cuentan por un cero. El Sr Julio Huret, por el contrario se adhiere a la opinión general. « La Argentina, dice, es, el paraiso de las muchachas ». Creo que esta opinión es exacta. En las familias que yo he frecuentado me ha parecido indiscutible la soberania de las muchachas solteras. Durante tres o cuatro años serán amables déspotas, hasta el dia en que, a su vez, caigan bajo el yugo, de antemano aceptado, del marido. Para ellas son las reuniones, los bailes, el teatro, en el cual ocupan por derecho el antepecho de los palcos, los mejores sitios, lo cual dicho sea de paso, bastaria por si solo para explicar el descontento que inspira en las familias decentes el repertorio de algunas compañias francesas. Generalmente sus facciones son muy agradables y su indumentaria muy correcta, vistiendose con lujo refinado, y casi siempre con un gusto exquisito, que no está afeado por la costumbre, alli reservada a las casadas, de llevar joyas.

Son precoces. A los diez y ocho años han adquirido todas las seducciones de la mujer, y su inteligencia ha llegado a plena madurez. En la conversación saben mezclar la ironia con la sensibilidad, y sacar partido, sin pedanteria, de sus lecturas, que suelen ser muy extensas, y a mi juicio no vigiladas con exceso.

Sobresalen en la práctica de las lenguas vivas, y es raro la que no puede conversar, sin el menor trabajo, con un interlocutor francés, inglés, o italiano. Cantan y recitan con pasión comunicativa, y gustan mucho mas de esos placeres del espiritu que de los *sports*, excepto algunas, muy contadas, que aspiran a imitar a las inglesas y a las americanas del norte.

Por muy derarrolladas que parezcan, y por muy cultivadas que estén, jamas se prestan a la libertad de maneras y de tratos que caracterizan a sus hermanas anglo-sajonas. Cuán latina es tambien, mirada desde este punto de vista, la república Argentina! Desde muy pequeña la niña desconfia del hombre, y teme la maledicencia, que nace tan pronto y corre tan de prisa. Sabe que por una alusión mal intencionada, se expone a perder a sus amigas, y a no poder casarse nunca. Se me ha citado esta frase caracteristica de una jóven que, a consecuencia de no sé que circunstancia imprevista se habia visto en la necesidad de dejarse acompañar en la calle por un hombre : « He recorrido, decia, cuatro *cuadras* (cuadra en español de América, es lo que en España se llama « manzana ») con él y *las carnes me temblaban* ».

Las jóvenes argentinas no son libres mas que en un punto a la verdad, el principal de todos : la elección de marido. Cuando yo les hablaba de la familia francesa, sobre todo de la antigua, habia que ver como sus miradas, reflejo del alma, acogian el relato de algunos de nuestros usos : el papel preponderante de los padres, el dote, el contrato.

Casarse lo más pronto posible, y con un hombre de su gusto, tal es el fin, el más natural y legitimo de todos, a que aspira una joven argentina que ha terminado sus estudios. Cómo trabar conocimiento ? En Buenos Aires se cruzan las miradas en el tradicional paseo de Palermo, o en el teatro Colón. En algunas ciudades de provincias — espectáculo que me ha divertido — jóvenes de uno y otro sexo, al caer de la tarde, dan vueltas, en sentido inverso, en torno a una plaza. Cuando se cree observar la asiduidad de las miradas de ciertos lindos ojos, el jóven confia sus intenciones a su madre, y esta busca un hermano o un amigo que prepare la primera entrevista. Por fin se llega a los desposorios, y al dia siguiente la noticia es pública. A partir de aquel momento la jóven pertenece exclusivamente a su prometido. Ya no bailarà màs que con él, ni permitirà sentarse a su lado a ningun otro. Ese novio será, casi siempre, abogado, médico, hombre de negocios o propietario rural (estanciero) y no pasará de 24 a 25 años si su futura cuenta con 17 o 18. Ya no se vé, como hace poco, jóvenes casarse a los 15 o 16 años, y menos todavia, matrimonios con gran desproporción de edad entre los cónyuges. En realidad la novia no busca un protector, sino un compañero. Los protectores seguirán siendo siempre los padres y con frecuencia el jóven matrimonió habitará los primeros años en el hogar paterno de la esposa, aunque sea en condiciones de vida muy modestas, en un local donde reina la fortuna.

Ya he dicho que no suelen reclamarse dotes, desinterés más aparente que real, pues todas las familias de la sociedad se conocen, están emparentadas y saben a que atenerse sobre la fortuna de cada uno salvo futuros incidentes imprevistos. Desde el dia siguiente al matrimonio empieza la vida normal. Generalmente no suele haber viaje de boda. Los hombres estàn demasiado ocupados con sus negocios, con la administración de la *estancia*, con sus oficinas, casas de comercio, bancos, etc. No os parece que todo esto es muy atendible?

Evidentemente no hablo más que de la buena sociedad. Dado lo heterogéneo de la población de esos paises nuevos, es muy dificil a un extranjero, que viene al pais por pocas semanas, penetrar en el seno de familias modestas o medianas, que acaban de entrar en la via ascendente.

Aparte de las jóvenes que se destinan a la enseñanza, de las que he visto algunas en las escuelas normales o en los asilos populares, ningun elemento personal me autoriza a formar juicios definitivos, pero me es grato reproducir el que he visto formular al ministro de Negocios Extranjeros Sr. Pueyrreddon: « nunca, decia, casi nunca, puede asegurarse, que una española que venga a la Argentina, aunque sea sola, ha seguido el camino de perdición ! »

El hecho es que tanto al Sr. Le Goffic como a mi, nos causó profunda impresión la perfecta dignidad de maneras de las mujeres y de las jóvenes que su belleza física parecia deber incitar a la coqueteria, y que jamás, ni en salón, ni en circulo, ni en una reunión cualquiera, nos han chocado por alguna actitud desenvuelta o la menor mirada provocadora.

De donde hemos sacado lógicamente la conclusión de que nuestras viejas tradiciones tenian algo de bueno, y que la educación ultra-moderna de hoy dia no aumenta en nada, sino todo lo contrario, las atracciones femeninas.

Una sola cosa es de temer: la descristianización. Si la mujer pierde su fé religiosa, compromete toda su vida moral. Las fuerzas que sus pasiones reprimidas ponian al servicio del bien, las emplean, locamente, en cuanto las desencadenan, en satisfacer sus más depravados apetitos, cayendo en el materialismo màs absoluto, y si no encuentra los goces que esperaba, se refugia en la muerte. El suicidio de las jóvenes es más raro que en los Estados Unidos, pero existe. En la pocas semanas que hemos pasado en Buenos Aires, se han dado la muerte tres jóvenes de la mejor sociedad. Dolorosa sombra para el retrato que acabamos de trazar y que deseamos sea conforme en absoluto a la verdad.

Hay otra sombra que ennegrece la vida pública y privada de una categoria de hombres de negocios demasiado desprovista de escrúpulos a los que podria aplicarse la frase con que estigmatizaba al célebre ministro del jóven LUIS XV, el Cardenal Dubois: « No se vendió: se dejó comprar ». La excessiva indulgencia con que se juzgan algunos actos, revela un rebajamiento de la moralidad. De tal individuo al que, sin calumniarle, se podria calificar de estafador, se contentan las gentes con decir: « ha ido algo lejos; ha sido *un poquito vivo* ». Desde este punto de vista, cuál es el pueblo moderno sin pecado, que se atreviera, con la cabeza alta, a arrojar a los otros la primera piedra?

Creo haber probado que el hogar argentino está a igual altura que los buenos hogares de Europa. A pesar de algunas deficiencias, no ha sido minado ni por ningun desórden interno y fundamental, ni por ninguna influencia externa. El hombre y la mujer no tienden, como en otras partes, a vivir separados y fuera de la casa. Ya he dicho que no existe el club para el sexo femenino, y para los hombres se reduce a un centro de noticias y de reunión, donde se citan los hombres de la misma sociedad ciertos dias o a ciertas horas. Nada màs distinguido que el *Jockey Club* de Buenos Aires, compuesto de los grandes proprietarios rurales, donde tuve el honor de dar una conferencia, exponiendo las verdaderas tendencias de la politica francesa, bajo la presidencia del hombre infinitamente elegante, ilustrado y cortés que se llama el Sr. Anchorena. En el *Club social* de Rosario, el Sr. Le Goffic y yo fuímos recibidos — con qué exquisita galanteria! — por toda la alta sociedad de aquella gran ciudad. Aquel club, nos dijo el presidente, representa la tradición. Comprendida asi esta institución no puede ni disminuir la familia, ni causarla perjuicios, ni desquiciar el centro de la vida social.

La tradición! Mucho se nos ha hablado de ella en este pais, tan nuevo comparado con los nuestros, y he tratado de poner en evidencia cuan vivaz es todavia esa tradición, europea en su origen, y mantenida y renovada por los frecuentes viajes a Europa, a Madrid y sobre todo a Paris, de todos los argentinos cuya fortuna les permite ese costoso lujo.

La tradición! Mas apegadas están a ella que lo que nosotros pensamos, esas viejas familias argentinas, cuya fuerte constitución acabo de recordar. Pero precisamente por estar tan apegadas les asalta una inquietud que, si algun dia llega a justificarse, podria conducirles a resoluciones lamentables. Esos paises ven a nuevos ricos, sin lazo alguno con el pasado, instalarse en ellos, introduciendo en la sociedad costumbres muy diferentes de las suyas Ven a esos extranjeros, apenas establecidos, tomar parte en la vida politica, excluyendo de ella cuanto pueden a los antiguos. Ven a reclutas demasiado numerosos, procedentes de los mas abigarrados origenes, rehusarse a ayudar a la roturación de la tierra que reclama brazos, ingresando en la plebe urbana, y apoyados en esa plebe consmopolita, preparar la revolución. Ante esta perspectiva, les asalta el pensamiento de realizar sus propiedades territoriales de prolongar y multiplicar sus viajes a Europa, y acaso, volver a fijarse en ella definitivamente.

Ninguna desdicha mayor podria caer sobre la Argentina, que perderia la espléndida diadema que la corona y se veria privada del mejor elemento de estabilidad social.

Y a pesar de una ganancia immediata, sólo momentanea, el golpe seria igualmente terrible para las naciones de la Europa latina, madres de esa parte del Nuevo Mundo, porque la fuerza y el valor de nuestras relaciones recíprocas estriban precisamente en las tradiciones que nos son comunes. Para que nuestra unión subsista y dé frutos importa que las tradiciones de aqui se conserven allà abajo, pues esas tradiciones no perdurarán en lo porvenir màs que si siguen viviéndolas los que las vivieron en el pasado.

CAPITULO VI

Influencias francesas en la Argentina de hoy dia. La accion economica.

Al lado de las tradiciones hay las influencias actuales, cuya acción se ejerce diariamente y que mantienen viva una corriente latina y francesa. Ha llegado el momento de estudiarlas.

A decir verdad, aunque yo he recogido sobre este punto, como sobre los demás, mis impresiones personales, me siento tentado de rogar al lector que se documente leyendo algunos recientes trabajos de valor incontestable, y sobre todo el pequeño volùmen nutrido de hechos exactos y muy bien presentado del Sr. Jorge Lafond: *Francia en la América latina*[1]. Los pocos trozos que voy a permitirme sacar de este ùltimo estudio no deben dispensar en modo alguno de leerlo a los que deseen informarse a fondo sobre este particular.

Desgraciadamente no cabe poner en duda que nuestra acción económica en la Argentina dista mucho de igualar a nuestra influencia intelectual. Lejos de eso, está aun a menor altura que en tiempos pasados Se debe esto a mala voluntad de esas naciones? No. A la falta de iniciativa por gran número de franceses? Tampoco. Industriales, comerciantes y financieros de nuestro pais han cooperado en gran escala al desarrollo econó-

1. En la coleccion : Los problemas de hoy dia, Paris libreria Plon, 1922, — del mismo autor : *El esfuerzo francés en América* latina, Libreria Payot.

mico de la Argentina. Análogas iniciativas podrian reproducirse hoy si hubiera alguien para estimularlas y sostenerlas.

En esos paises nuevos, abundantes en recursos naturales, hay tres elementos necesarios para dar valor productivo a ese fondo de riqueza : la población, la armazón económica y el comercio de las materias primeras y de los productos manufacturados. Ahora bien — y esta es la tésis fuertemente sostenida por el Sr. Jorge Lafond — esos tres factores Francia los ha procurado liberalmente, en proporción mucho más elevada que sus concurrentes.

Respecto a la población, yo he probado, al empezar este estudio, que la nuestra viene immediatamente despues que la de Italia y España, muy por encima de la de Inglaterra, Alemania y los Estados Unidos. Sin duda la guerra interrumpió la corriente de emigración a la Argentina, que sólo se restableció de modo sensible en **1922**, con **64.312** inmigrantes, defalcados los que regresaron a Europa. Cuál es sobre esa cifra total, el número de Franceses ? No he podido averiguarlo, pero es infinitamente probable, dada la cruel sangria que hemos sufrido y la baja de nuestra natalidad, que la proporción correspondiente a Francia sea muy inferior á la de otros paises.

En cuanto a la armazón económica y a la participación financiera, Francia no ha sido sobrepujada más que por Inglaterra.

En lo que se refiere al comercio, despues de haber ocupado el segundo rango, y aun el primero en lo que atañe al comercio local al pormenor, gracias a los depósitos abiertos por algunos compatriotas nuestros en el interior de la república, hemos caido al cuarto.

Porqué ? Se nos habla de nuestras dificultades interiores, de la ley de ocho horas, de las huelgas, de la elevación de los precios. Concedido. Pero desde **1918** todos nuestros concurrentes europeos se hallan expuestos, poco más o menos, a iguales inconvenientes.

La verdad es que el Estado, los bancos y la industria francesa, han abandonado, puede decirse, a nuestros comerciantes.

Como tradicionalmente los géneros vendidos en las *tiendas*, tejidos, vestidos, perfumeria, etc. eran de procedencia francesa, los extranjeros sin el menor escrúpulo por su parte, ni la menor protesta por la nuestra, principiaron a vender bajo la denominación de *artículos franceses*, objetos fabricados en Alemania, en Inglaterra o en otras partes.

Todo conspira a dar a los argentinos la idea de que nuestro comercio está en decadencia y que la Francia actual apenas contribuye en parte minima a fomentar lá riqueza de su pais. Asi, por ejemplo, las estadisticas se hacen no por el lugar de origen de los productos sino por las compañias maritimas transportadoras, de donde resulta que toda mercancia francesa transportada por barcos ingleses, holandeses o alemanes, figura en el activo de esos paises.

Con frecuencia nuestras casas francesas de Buenos Aires, de Montevideo, o de otras grandes ciudades, y más todavia de las pequeñas, se disimulan bajo una razón social española, lo cual, en rigor se comprende, pero lo que no se comprende es que lo hagan bajo una razón social inglesa, y aun alemana, sin que nada indique su origen. Somos timidos y nada arriesgamos. Nos establecemos mezquinamente, mientras que las casas inglesas y norte americanas gastan dinerales en suntuosas fachadas y pomposos reclamos. Visité en Buenos-Aires la sucursal de uno de los principales almacenes de Paris, donde se me acogió, por cierto, con la más exquisita amabilidad: todas las muestras que me enseñaron eran lindisimas y de buen guesto, pero porqué la dirección no habia puesto a disposición de sus representantes locales espaciosos, con escaparates sobre la calle, y profusamente iluminados? En esos paises en que representa tan gran papel la « apariencia » si esta desaparece el prestigio se vá detras de ella.

Otra falta: en las más francesas de nuestras compañias hay poquisimo personal francés: algun que otro vago gerente, pero los verdaderos jefes no se mueven de Francia, adonde hay que consultarles para todo.

Las cámaras de comercio francesas en América, singularmente la de Buenos-Aires, a fines de 1920, redactaron memorias muy notables, indicando los medios más adecuados para favorecer nuestra expansión económica. Nadie les hizo caso.

Emitidas estas consideraciones generales, concretemos más la cuestión y veamos y examinemos, desde el triple punto de vista de los medios de comunicación, de la explotación de las riquezas naturales y de la participación industrial y financiera, cual es y cual podria ser la parte de Francia.

Hasta la guerra de 1914 los servicios de transportes maritimos franceses hacia la América del Sur, hay que confesar que eran insuficientes, desdeñados por el extranjero, y hasta por nuestros compatriotas ricos. Julio Huret empezó su gran obra sobre la república Argentina contra los vapores franceses, y viajó sobre un barco aleman, cuyo méritos no se cansa de ponderar. El Sr Clemenceau prefirió los italianos, embarcándose en Génova en el *Regina Elena* y tomando para volver el *Principe Umberto,* y todos los elogios le parecen pocos sobre lo confortable de los camarotes, la cortesia de los oficiales, y la excelencia del servicio.

Apresurémonos a decir que al fin nuestras compañias hacen hoy sérios esfuerzos para remediar ese estado de cosas, y que nuestro pabellón figura ya con honor en Bahia, en Rio Janeiro, en Santos, en Montevideo y Buenos Aires. Las tres compañias que sirven esos puertos, los *Chargeurs Réunis*, los *Transports Maritimes* y la *Sud-Atlantique* han comprendido que haciendose competencia y disputándose la clientela, sólo obtenian, a cambio de algunas ligeras ventajas efimeras, daños y perjuicios perdurables y se han puesto de acuerdo para combinar sus servicios y dar satisfacción a su clientela, con viajes frecuentes y regulares de Burdeos, de Marsella y hasta del Havre, a Buenos Aires. Ofrecen a los viajeros ávidos de lujo el *Lutetia* y el *Massilia.* Los que no se creen deshonrados por viajar en un barco de segundo órden, se contentan, como el Sr. Le Goffic y yo, con el *Plata*, el *Mendoza* o el *Valdivia*, donde, por otra parte se viaja muy bien, teniendo además la satisfacción patriótica de pensar que el navio que nos conduce no tiende, como los de alto lujo, a arruinar a la compañia.

En el momento mismo en que nosotros emprendiamos, vulgarmente, el viaje por mar a Buenos Aires, era objeto de todas las conversaciones el proyecto de establecer próximamente comunicaciones aéreas rápidas entre Europa y la América latina. Una comisión de aviadores franceses, dirigida por nuestro glorioso y simpático capitan Fonck, con el que he tenido el gusto de regresar a Francia, estudiaba en Dakar, en Rio y en Buenos Aires la creación de una linea de aviones entre Tolosa el Brasil y la Argentina. Por otra parte ya se habia fundado una sociedad hispano-alemana, con un capital de más de cien millones de pesetas, para explotar una linea Sevilla-Buenos Aires, por medio de dirigibles rigidos. Cada aereoplano podria transportar 40 hombres de tripulación y 60 pasageros, haciéndose el trayecto en cuatro dias, por el precio de 8.000 pesetas. No dejemos que nadie nos gane por la mano.

Ya he indicado brevemente, y no he de insistir en ello la parte que han tomado los vascos y los pirináicos, tanto españoles como franceses, en perfeccionar la explotación de la principal riqueza de la Argentina, la ganaderia, pero debo añadir que hay que aumentar a nuestro activo los esfuerzos hechos de pocos años a esta parte para introducir en la Argentina y el Uruguay las mejores razas francesas, normanda, bretona y charolesa, al lado de las razas inglesas, y en particular la de Durham, que son aun las preferidas, con mucho.

Recordámos que un francés, el quimico de Nimes Cambacérès, discipulo de Chevreul, fué quien hizo salir a la industria de la carne del estado rudimentario; que el ingeniero francés, Tellier, inventor del frio artificial, aseguró la conservación de la carne por procedimientos cientificos que desde 1873 aplicaron sociedades inglesas y americanas : que otro francés, el Sr. Carré, en 1877 descubrió la manera de congelar la carne, gracias al intenso frio producido por la evaporación del amoniaco ; que otro francés, el Sr. Eugenio Terrasson, fundó en la Argentina el primer establecimiento para preparar la carne destinada a la exportación; que aun podemos reivindicar como nuestro, por ser francés de origen, al vasco argentino Sansinena, fundador de la primera gran fàbrica frigorífica de la república argentina, y por último, que mal que pese a su nombre, la famosa compañia Liebig no es alemana, sino franco-inglesa.

Dicha compañia cuenta hoy con dos fábricas; una, la más antigua, en Fray Bentos, a la orilla izquierda del Uruguay, en la república de este nombre, y otra, más moderna en la orilla derecha en Colon, Argentina. En nuestro viaje de regreso hallábase entre nosotros el director de esta segunda fábrica, Sr. Bernardo Roux inventor del producto al que se están haciendo tan aparatosos reclamos, el *Viandox*, hombre inteligente y enérgico, cuya conversación me ha instruido de muchas cosas que ignoraba. El Sr. Roux hijo de un carnicero francés, ha estudiado en Paris, en la Escuela de Artes y Oficios, y trabajó cuanto pudo en favor de nuestro pais. En su fábrica de Colón, todo está dispuesto para simplificar la mano de obra y disminuir los transportes. Alli se fabrica el extracto de carne, las conservas, el « corned-beef » y la lengua de vaca. Su compañia posee no menos de 300.000 hectáreas de prado y alquila otras 200.000 destinadas al pasto de rebaños que se calculan en 300 000 bueyes y vacas, 100.000 carneros y 13.000 caballos y mulas. En los seis meses que dura el trabajo activo se matan en las dos fábricas sobre 350.000 vacas y bueyes.

Ahi tenemos, pues, una industria, la más importante de todas, cuyos origenes son, en su mayor parte, franceses, y que hoy ha caido, casi exclusivamente, en manos de los « trusts » ingleses y yankees. Por una aberración inconcebible, Francia compra todas las carnes frigorificas de la Argentina, o poco menos, en Inglaterra, lo cual de una parte nos obliga a pagarlas mucho más caras, y de otra consigue que los argentinos no nos agradezcan esas compras, que a sus ojos vienen de Inglaterra, como es natural. De nosotros lo único que conocen son la recriminaciones de nuestros ganaderos y de nuestros carniceros contra la carne en conserva, sea congelada, sea enfriada. Ahora bien, como en este momento ese comercio atraviesa una crisis, convendria infinitamente a los argentinos celebrar con Francia contratos que les permitieran colocar entre nosotros, el exceso de su producción. Esas importaciones, bien reglamentadas, no causarian el menor perjuicio a nuestros ganaderos, el consumo de la carne aumentaria entre nosotros, y la amistad entre Francia y la Argentina se consolidaria mucho mejor que recurriendo a discursos y a misiones, por teatrales que sean.

Despues de Australia, el primer pais productor de lana es la Argentina. Desde que terminó el año 1921, este mercado, uno de los que más habian sufrido de la crisis económica mundial, volvió a resurgir gallardamente. En Francia las importaciones de lana, durante los ocho primeros meses de 1922 se elevaron a 2.369.235 quintales, contra 567.086 durante el periodo equivalente de 1921. Los enormes depósitos acumulados en 1919 y 1920, puede decirse que ya están agotados, pero si Francia ha aumentado sus compras, Alemania la ha tomado gran delantera.

La caracteristica actual de la Argentina, en el órden económico, me parece ser la tendencia a disminuir los pastos, transformando en tierras de cultivo algunas de las grandes extensiones de terreno que hoy ocupan aquellos. No podria Francia tomar una parte apreciable en esta transformación, tan fecunda, de todas clases?

Conforme que nuestros compatriotas han fundado pocas colonias agricolas en esa parte de la América del Sur, y que muy pocos de ellos figuran entre los grandes productores de trigo. Ahora bien, esta producción ha aumentado prodigiosamente desde la guerra. De 1917 hasta 1921 la cosecha ha aumentado en más de 50 millones de quintales, y a partir de 1921 habiendo vuelto a ser casi normal la producción del trigo en la mayor parte de los paises europeos, el gobierno argentino ha impuesto a la exportación un recargo, que ha hecho disminuir un poco la superficie sembrada,

No hay, sin embargo, que creer que los franceses han permanecido totalmente inactivos, lejos de eso han tomado algunas interesantes iniciativas, por ejemplo, el cultivo de la lucerna y de la viña, la explotación comercial de la caña de azucar en algunas provincias, la de los *yerbales*, como el mate, o de la madera, como el *quebracho*.

La principal región vitícola de la Argentina se extiende al pié de los Andes, desde Mendoza a San Juan, bajo la misma latitud que Santiago de Chile, Buenos Aires y Montevideo. Pero el clima es más seco, hay que suplir a la insuficiencia de las lluvias con un bien combinado sistema de irrigación, que distribuya en las llanuras el agua de los torrentes. Los grandes propietarios han llamado a viticultores franceses de Borgoña, del Bordelés, y sobre todo del Aude y del Hérault, que han acudido llevando consigo su experiencia, sus conocimientos, y algunas de sus pasiones políticas y religiosas, y que ayudados por las circunstancias van convirtiendose en rudos concurrentes de sus hermanos de Francia.

La Argentina y el Uruguay consumen muy poco vino. Los autóctonos han permanecido fieles no sólo a las costumbres de sus antepasados, sino a sus bebidas nacionales, y el mate, con tal que puedan ingurgitarlo con abundancia, les basta. Sólo las poblaciones latinas, o fuertemente latinizadas, y aun en ellas sólo las clases superiores, recurren al vino, que se bebe con moderación, considerando a la embriaguez como un vicio innoble. Allí no son necesarias las prohibiciones legales, como en los Estados Unidos, pues la bebida ordinaria es el agua.

Es raro convidar a un extranjero en el domicilio de la familia, y generalmente se le obsequia en el círculo o en el hotel, únicos establecimientos que compran vino al por mayor. Hasta la guerra hacian venir mucho de Francia, pero despues se han acostumbrado a prescindir de nosotros. Mendoza fabricó, a discrecion, Sauterne, Medoc, Chablis y hasta Champagne, que engañó al consumidor vulgar y le quitó las ganas de surtirse en Francia, donde los vinos que llevan esas mismas denominaciones se le venderian a precios muchos mas altos, sin contar con lo muy duros que son los derechos de aduana.

En resúmen, durante los últimos años la importación francesa no llega à 4.000 barricas. Parece que el gobierno podria reaccionar contra los excesivos derechos de aduana y contra el fraude, mediante tratados de comercio. Los sindicatos bordeleses, borgoñones y otros deberian tomar parte protestando con mayor energia contra esa falsificación de etiquetas y obtener del Estado una protección eficaz, con tanto mayor motivo cuanto que esas falsificaciones desacreditan a nuestros vinos, y concluirán por hacerlos despreciar de todos, excepto algunos ricos aficionados inteligentes, que continuarán a surtirse en Francia [1].

El 14 de Septiembre último, acompañado de algunos buenos Padres de Lourdes, sali muy temprano del Colegio de Tucuman, para San Pablo, donde ibamos a visitar la fábrica de azucar de los Sres. Nougués. La vispera nos habia favorecido un sol primaveral, pero aquella mañana le habia reemplazado una tempestad. Los caminos estaban inundados, las montañas cubiertas por una cortina de apiñadas nubes, y la excursión a través de aquella rica y fértil campiña nos resultó menos grata. Los Nougués son una familia francesa de la región pirinaica de la Alta Garona, de las cercanias de aquella de Saint-Béat, donde, viajando con mi padre en 1889, oi contar las aventuras de los « Americanos », porque cada familia tenia allende el Atlántico algun representante. La mayor parte volvian a concluir sus dias en el pais natal, pero los Nougués no los imitaron. El abuelo, partido en 1827, era un fogoso bonapartista que sin duda, no podia soportar a los Borbones, y que transplantó a las llanuras del Tucuman, en medio de sus plantaciones de azúcar, su culto por Napoleón. Todos los años, el 15 de Agosto, ofrecia a sus obreros una función de fuegos artificiales, y sus descendientes siguen la costumbre. Por numerosa que haya llegado a ser la población de San Pablo, el jefe de la casa los regala en aquella fiesta tradicional, con un opiparo banquete y múltiples regocijos. A la entrada de la finca os acoge un soberbio busto de Napoleón. No menos fiel ha permanecido la familia a las tradiciones cristianas y francesas. Su jefe actual tiene diez hijos, muy bien educados, que aprenden el francés al mismo tiempo que el español. La niña más pequeña, que sólo

1. Véanse sobre este punto en *Francia-América*, 1922, los interesantes articulos de los Sres, Julio Lefaivre y Jorge Chabaud.

tiene tres años, me recitó una fábula y habla como una perfecta francesita. El padre nos acompañó personalmente en la visita de su vasto establecimiento. Todas las máquinas vienen de Francia, fabricadas en Fives-Lille. Asistimos a todas las operaciones y vimos el manojo de cañas de azúcar cojidas directamente en el carro que lo ha conducido, lanzado sobre un « tapis roulant » que lo coloca debajo de las piedras del molino destinadas a triturarle y a sacarle todo su jugo, aspirado por pompas que lo elevan a diferentes recipientes, (mientras que los elementos fibrosos van directamente al horno para servir de combustible) y sale al fin bajo la forma de un azúcar muy blanco y muy agradable. Con ese procedimiento se fabrica cada dia un número considerable de toneladas.

Asi como nosotros visitamos la fábrica de los Nougués, en San Pablo, el Sr. Clemenceau había visitado la de otro francés de la misma región, el Sr. Hilleret, de Santa Ana, donde se le habia « recibido con magnificencia en una casa hospitalaria, en la que se revelaba el gusto de un arquitecto de Paris ».

La industria azucarera que no cuenta en Argentina ni un siglo de existencia produjo ya en 1921, 193.000 toneladas de azúcar, de las cuales 165.000 corresponden a la provincia de Tucuman.

Los periódicos nos trajeron, pocos dias ha, la triste noticia de la muerte accidental de uno de los más prestigiosos franceses de la república Argentina, el Barón Federico Portalis, un anciano encantador y activisimo, de cuya acogida infinitamente cordial guardo indeleble recuerdo. Ese francés no tenia nada de timido. Ayudado por sus hermanos habia ya lanzado diferentes negocios de suma importancia cuando tomó la iniciativa, con algunos socios, de fundar la empresa de la *Florestal del Chaco*, la más vasta que se ha conocido en la Argentina, y que por su importancia financiera es la primera de todas, salvo las de las compañias ferroviarias. Empresa tipica, me han dicho, que reunia todas las condiciones de éxito : immensa extensión de las selvas inexploradas, su riqueza en madera de *quebracho*, y de este *quebracho* se saca el tanino, facilidades de explotación, de arrastre y de exportación, gracias al ferrocarril francés de Santa Fé al rio Paraná.

Un dia un obrero curtidor de Buenos Aires habia observado el color especial y la calidad del agua de donde emergian algunos troncos de *quebracho*, abandonados en los muelles. Hasta entonces aquella clase de madera no se apreciaba más que por su extremada dureza y su incorruptibilidad. A consecuencia de una exposición forestal en Buenos Aires, un francés el Sr. Adriano Prat, envió al Sr. Ernesto Dubosc, fabricante de extractos de madera en el Havre, cierta cantidad de *quebracho* rojo, y el Sr. Dubosc obtuvo que al año siguiente se le concediera, por quince años una patente, o privilegio para la fabricación del extracto de *quebracho*.

Hacia 1878 se propuso al Sr, Portalis el derecho de talar en unas diez leguas de selvas de *quebracho*, y aceptó. En 1902 prosperando ya mucho el negocio, el Sr. Portalis consintió en asociarse con un aleman, el Sr. Harteneck, que era, juntamente con él, el primer accionista de la selva de Santa Fé. Asi nació la *Sociedad florestal del Chaco*.Otro aleman, el Sr. Renner, que fabricaba en Hamburgo extracto tánico, con maderas importadas, entró a poco en la sociedad, donde llegaron a cobrarse dividendos del 30 por 100. En 1905 la compañia quiso tener sus ferrocarriles propios, sus barcos y nuevas fábricas, y entonces entraron en escena los capitales ingleses. El activo, que era de 12 millones de francos, se elevó a millón y medio de libras esterlinas en 1912, pero la sociedad se volvió inglesa. Porqué inglesa? se preguntaba al Sr. Portalis, que respondia « porque no he podido fundarla en Francia [1] ».

Véase, pues, un admirable negocio que hubiera podido ser francés, y que sólo encontró apoyo en Alemania al principio, y despues en Inglaterra. Caso que por desgracia, dista de ser único.

Situación tanto más de deplorar cuanto que el ahorro francés

1. Julio Huret: En Argentina, t. I, p. 321.

ha prestado a la Argentina por lo menos cuatro mil millones de francos antes de la guerra de 1914. En 1911 se emitió en Europa un empréstito por aquel país, de 1.053.339.023 francos: la parte suscrita por Francia fué de 618.847.660 francos, o sea el 58, 75 por 100, la de Inglaterra de 368.829.525, o sea el 35, 02 por 100; representando las das juntas el 93, 77 por 100. Si hay que dar crédito a las previsiones del Sr. Lafond Paris permanecerá el gran mercado financiero de la Argentina. Los esfuerzos hechos por los Estados Unidos para impedirlo, no tienen probabilidades de lograr ese objeto, porque los procedimientos bancarios norteamericanos alarman a la Argentina como atentatorios a la soberanía de los Estados de la América del Sur.

Para que Francia continue su concurso, importa, naturalmente, que los compromisos anteriores se respeten escrupulosamente, tanto en su letra como en su espiritu. Nadie ignora que gran número de Estados, o de Sociedades, lanzaron en Francia, antes de 1914, empréstitos calculados en oro. Planteóse despues la cuestión de si esos Estados o Sociedades deberian tambien pagar en oro a los tenedores franceses el cupón y la amortización del capital, o si podian hacerlo en francos-papel. La Argentina, el Uruguay y Chile reconocieron que debian pagar en oro, pero algunas provincias argentinas, como las de Buenos Aires, Mendoza y Tucuman, pretendieron liberarse con papel. La asociación nacional de tenedores franceses de valores moviliarios, ha protestado, como es natural, y un grupo de accionistas franceses, ha tomado como abogado al Sr. Bioy Sarmiento, abogado de la Legación de Francia en Buenos Aires. Es de esperar que triunfarán nuestras justas reveindicaciones, lo cual importa tanto al interés bien entendido de los Estados recalcitrantes, como a su propio honor.

Pero Francia ha contribuido a la formación económica de la república Argentina, no sólo con su dinero, sino con su génio.

Por poco conocedor que yo sea en materia de trabajos públicos, y por abrumado que estuviese aquel dia por el número de reuniones, discursos y brindis, con qué patriótico orgullo me dejé conducir a lo largo de los muelles de Rosario, en el lindo barco de la Sociedad del Puerto ! Muelles nacionales, nuevos muelles de importación, muelles de cabotage, muelles de exportación, y asi kilómetros y kilómetros. Por encima de los muelles, la alta muralla roquiza que retiene al Paraná ancho ya en aquella parte como un brazo de mar, y sembrado de islas de todas dimensiones, algunas flotantes, formadas por pedazos de selva que ha arrastrado la violencia de las aguas, y que a veces transportan, bien a pesar de ellos, animales salvajes y feroces. A treinta metros sobre el nivel de las aguas, en la meseta que corona las rocas, se ven los depósitos de mercancias y de cereales, los molinos, los graneros, y más cerca de la orilla los elevadores y los silos, por donde se precipitan, en los barcos amarrados al muelle, los sacos de trigo, semejantes a cerdos que se persiguen vertiginosamente los unos a los otros, a razón de 800 toneladas por hora. Todas las lineas de ferro-carriles conducen al puerto, donde los buques de fuerte tonelage pueden anclarse junto a la estación del Central Argentino. La cantidad de granos que se exportan, suele exceder de 10.000 toneladas por dia. Ahora bien, esos magnificos trabajos, a los que se debe la siempre creciente prosperidad de Rosario, son obra de la compañia francesa de Hersent y Schneider, y el que dirige toda la ejecucion es un vendeano, el Sr. Flandrois.

El inmenso éxito de esa empresa sirvió, forzosamente, de prestigioso reclamo para los constructores franceses, y en 1910 el puerto de Quequen se concedió a la Sociedad de los grandes trabajos de Marsella, el de Mar de Plata a los Sres. Allard, Dollfus, Sillard y Wirriot, y un poco más tarde el de Bahia Blanca a la administración general de Trabajos públicos, por cuenta de una compañia comercial.

Cuando en la mañana del 7 de Setiembre, en el momento de separarme de mi querido compañero de viaje el Sr. Le Goffic, entré en la estación de Rosario para tomar el tren que debia conducirme a Santa Fé, todo estaba empavesado. La locomotora adornada con banderas y ramas de árboles parecia vestida con los colores de Francia y de la Argentina. Numerosos franceses nos rodeaban, y a mitad de camino el personal superior de la compañía subió a nuestro coche salón, y empezaron a resonar en mi oido nombres que evocaban en mi gratos recuerdos. En efecto la compañia del ferro-carril de Santa Fé, que explota cerca de 2.000 kilómetros, es francesa en su totalidad; francesas igualmente las de Rosario a Puerto Belgrano, de la provincia de Buenos Aires, de Meridiano-Quinto y de Midland, que explota más de 3.000, y no menos francesas las compañias de gas de Rosario y de electricidad de la provincia de Buenos Aires.

Al dia siguiente del congreso de Córdoba, despues de haber admirado el magnifico paseo de las Heras, que domina a la ciudad, obra de un francés, el Sr. Blacque-Delaire, hoy director general de los parques y paseos, nos decidimos a emplear las pocas horas que faltaban hasta la salida de nuestro tren, en visitar el célebre *Dique de San Roque*, que, a unas diez leguas de Córdoba, contiene las aguas de un lago artificial, el primero del mundo, si no por su superficie, a lo menos por la masa de sus aguas : 260 millones de métros cúbicos. Provistos de manjares como para un largo viaje, nos aventuramos en la Sierra, pasando por la pequeña ciudad de Alta Gracia, antiguo pueblo en el que llaman la atencion la iglesia y el claustro del antiguo colegio de jesuitas, y que está rodeado de multitud de casas de recreo, muy graciosas y muy modernas. Atravesando rápidamente immensos espacios aptos para el cultivo, pero sin roturar, pensabamos con pena que en nuestra Europa se disputan ferozmente las gentes por un palmo de terreno, cuando aqui sobra tanto! Qué rabia insensata impulsa a los hombres los unos contras los otros, cuando a todos convendria ponerse de acuerdo y explotar y poblar fraternalmente toda la tierra habitable! Pero no es de suponer que nuestras reflexiones conviertan a nadie. Por fin llegamos al alto valle del Rio Primero, y entramos en el cuarto de maniobra, situado en el centro de la pared maestra, desde donde contemplamos la caida de las aguas. Aquella pared, de 154 metros de longitud, descansa sobre la roca y se apoya en las dos vertientes del barranco. La consola que limita la parte superior de los cimientos tiene cerca de 45 metros de espesor, y la pared propiamente dicha, 30 en la base, y 5 en la cima. Los canales que parten del lago pueden regar hasta 90.000 hectáreas. Los autores de este trabajo de gigantes, en tiempo del presidente Juarez Celman, que habia sido Gobernador de Córdoba, fueron dos ingenieros franceses, los Sres. Dumesnil y Casaffouth. Con cuántas dificultades, y en horas determinadas, con cuantos peligros tuvieron que luchar! Hoy un modesto monumento recuerda el servicio que allí prestaron nuestros hábiles y valerosos compatriotas.

Creemos hecha la prueba de que no ha faltado a la Argentina la ayuda ni de nuestro dinero, ni de nuestro genio. Qué se necesita, pues, para que reconquistemos el terreno que hemos perdido de algunos años a esta parte? Se necesita que haya empresas francesas, con nombres franceses, con directores franceses, con un personal francés, formado en Francia. Se necesita instalar en Buenos Aires y en las principales ciudades Bancos franceses, a fin de que el extranjero no conozca y explote el secreto de nuestros negocios, de fabricaciones, precios, lista de clientes, etc. Se necesita hacer nosotros mismos directamente, nuestras compras. Y por último, obtener del Estado un concurso financiero. Sólo a esa condición podremos aspirar a no perder definitivamente la partida enonómica en que allí estamos empeñados.

CAPITULO VII

Influencia Espiritual de Francia: los Colegios.

La principal influencia de Francia, según ya he dejado entender, es la que se ejerce en la vida espiritual. Y empleo esta palabra de propósito, con preferencia a la de intelectual, porque esta última me parece de significación mas restringida.

Esa es la parte más sólida de nuestro dominio, pues alli, donde nuestra influencia politica y económica ha disminuido, la otra permanece vivaz.

Aquella presión, aquel sello del pensamiento francés, sobre el pensamiento sud-americano, remonta al origen mismo del movimiento revolucionario de 1810, y desde entonces no ha cesado. Los unos — los más — lo celebran, y los otros lo deploran, pero todos lo reconocen.

« Nuestra revolución americana y las ideas francesas, están intimamente ligadas desde su origen, escribe Alberdi. A la ciencia francesa debemos nuestras inspiraciones de independencia y libertad. Su lengua, hermana de la nuestra, la claridad y abundancia de sus buenos libros, la identidad del culto religioso, harán que Francia sea siempre un pueblo llamado a ejercer inmensa influencia en esta parte de América » [1].

Palabras a las que corresponden, en época más reciente, las

1. Juan B. Alberdi. Estudios politicos. Exámen de las ideas de F. Frias, etc,... citado por Otero, La Revolución Argentina p. 2.

del Sr. Enrique Larreta, que nombrado a fines de 1910 representante de la Argentina en Paris, se complacia en recordar que la civilización de su patria se habia apoyado, para dar sus primeros pasos, en el génio civilizador de la nuestra. « Vuestra luz ha iluminado y animado la aurora de nuestra vida... Para nosotros vosotros sois los verdaderos herederos de Grecia en el mundo moderno... Ningun pueblo fué nunca más apto para los sutiles juegos de la razón, para las comprensiones más diversas de la ciencia, del arte, de la vida entera en sus austeridades y en sus deleites ». Con poética elocuencia celebra esas ideas de Francia que han germinado por toda la tierra, semillas con alas, granos trashumantes como aquellos otros que deben a su penacho ligero y gracioso el poder de elevarse en los aires y recorrer el mundo.

Idéntico homenaje en los libros del Sr. Buero, ministro de Negocios Extranjeros, diciendo el año 1921 en Montevideo al recibir al General Mangin : « Por ser franceses sois artistas, poetas, libertadores. Vuestro derecho unifica sin rudeza la justiciera rigidez de la conquista romana, gracias al buen sentido de vuestro derecho consuetudinario. Sois dóciles y ágiles en los delicados actos de la paz, y firmes y prudentes en las duras artes de la guerra. En plena edad contemporánea habeis renovado el lejano milagro de Sófocles, el divino adolescente, que despues de haber vencido en la palestra con la gloria juvenil de su marmóreo cuerpo, se presentaba delante del tribunal sagrado para recibir la palma de oro, en premio a sus inmortales tragedias ».

« Si Paris va a misa, me decian algunos en la Argentina, a misa irá Buenos Aires ». Forma pintoresca, aunque un tanto paradójica, de una opinión muy difundida. Lo cual bastaria, digamoslo de paso, para probar la extrema torpeza de ciertos católicos que se obstinan en denunciar el supuesto ateismo de los franceses y en rechazar hasta las indicaciones conciliadoras del gobierno. Imagínanse por ventura que la religión reportaria algun bien si este, como sucedió en tiempos pasados, se apoyaba en los partidos avanzados anti-religiosos, cuya influencia creceria *ipso-facto* »?

Porqué este pais, cuya formación primera y tradicional era española, prefiere hoy la influencia espiritual de Francia? Al principio de la independencia hubo una reacción general contra todo lo español, pero hoy ya no existe aquella animosidad, y hasta algunos verian con gusto un resurgir de la influencia ibérica. El propio presidente Irigoyen favorecia esa tendencia, si bien deseaba colocarla bajo la dirección del elemento criollo. Muchos, sin embargo, se resisten a ello, y uno de los hombres más notables del pais, me habló de este asunto. El Sr. X... de Tucuman, me decia: « En el órden de las cosas del espiritu y aun de la religión, prefeririamos conscientemente la influencia de Francia a la de España, porque esta última es demasiado estrecha y demasiado dura, mientras que lo que necesitamos son auras de libertad y amplitud de miras: viva el espiritu francés! »

Cómo se ejerce y se mantiene esa acción de nuestro pais?

Por nuestros escritos, por nuestras misiones, por algunas instituciones permanentes, unas que agrupan a los franceses y otras que atraen a los argentinos, y finalmente por nuestros colegios.

Cuando hablo de nuestros escritores no entiendo referirme únicamente a nuestros literatos. Nuestros libros de derecho, de medicina, de ciencias, de filosofia, constituyen el fondo de las bibliotecas universitarias y sirven de base a la enseñanza pública. Sin embargo, los libros alemanes, en especial los de medicina y ciencias aplicadas, son numerosos, y los maestros que han estudiado en Alemania se inspiran en ellos; pero son pocos los argentinos que conocen el aleman. La mayor parte de los libros de texto están traducidos del francés, y en algunos se enseña en nuestra lengua. En Montevideo me hicieron observar que, por desgracia, se sigue a nuestros escritores y a nuestros pensadores sin discernimiento bastante, atribuyendo con frecuencia una autoridad desmedida a autores muy secundarios.

Con toda la discreción posible, pero sin embargo con firmeza ya he indicado en la Academia Francesa en mi discurso sobre los premios de virtud las quejas de los extranjeros más formales y más honrados contra gran número de nuestros dramaturgos y de nuestros novelistas. « No sólo, se me ha dicho muchas veces, nos hacen juzgar severamente a vuestra sociedad, sino que contribuyen a corromper la nuestra. Las piezas que haceis representar en nuestros teatros, so pretexto — lo cual agrava el caso — de propaganda pueden atraer a un público frivolo y disipado, pero os deshonran y nos perjudican. No os asombreis si de vez en cuando elevamos enérgicas protestas ». Ya publiqué en su tiempo lo que a mi me confiaron las más distinguidas damas de Montevideo, pero ni mi llamamiento, ni el del General Mangin, tuvieron el eco que merecian. A la hora misma en que escribo, un sacerdote ilustrado, gran amigo de Francia, me hace saber que en vista de los escandalosas representaciones dadas por la última compañia francesa enviada allí, la autoridad eclesiástica argentina se ha visto obligada a intervenir.

Esas giras teatrales, tal como se conciben, y que pomposamente se califican de misiones, hacen mas daño que provecho! Procúrese evitarlo! Gracias a Dios no sucede lo mismo con las misiones cientificas, literarias y artisticas de carácter sério, patrocinadas por el gobierno, que atraen la atención y despiertan las simpatias. Séame, no obstante, permitido observar que las llamadas « misiones de propaganda », me parece han pasado de moda, pues cansan al público y le disgustan. Hay que obrar — todas las naciones lo hacen empezando por los italianos — pero obrar con discreción escogiendo ocasiones propicias, y proponiéndose fines determinados.

Este es el servicio esencial que empieza a prestarnos el *Instituto de la Universidad de Paris*, en Buenos Aires, aunque sea un organismo de reciente creación. Despues de varios ensayos, coronados de éxito, por ejemplo, los cursos dados en la gran capital argentina entre 1910 y 1921 por los Sres, Martinenche, Pierre Denis, Geouffre de Lapradelle, Marcel Labbé y Georges Dumas, este último tomó la iniciativa, de acuerdo con el Sr. Martinenche, de una fundación duradera, y gracias al apoyo del Rector de la Universidad de Buenos Aires, Doctor José Arce y del decano de la Facultad de Filosofia y Letras, Sr. Ricardo Rojas, se creó un

Instituto universitario subvencionado por el gobierno francés, por la Universidad de Buenos Aires, la de la Plata y la de Córdoba y finalmente por el gobierno argentino. Alli profesores de nuestras Universidades exibieron al público los principales resultados de sus trabajos y explicaron sus métodos a los estudiantes. Se ha previsto, en justa reciprocidad, la constitución de un Instituto de la Universidad de Buenos Aires en Paris, y ya hemos oido en la Sorbona a algunos profesores argentinos [1].

Los grupos permanentes de franceses, con tal que permanezcan en contacto con la madre patria, y reciban en tiempo oportuno el impulso de comités como los de la *Alianza francesa*, *Francia-América*, y las *Amistades francesas en el extranjero*, ejercerán siempre una acción más eficaz que nuestros compatriotas de paso, y evitarán que se nos juzgue casi exclusivamente por estos! Con qué placer recuerdo las calurosas recepciones que se nos dispensaron por la *Alianza francesa* de La Plata, en su hermosa sala de « La Gauloise », y en Rosario, donde protectores, profesores y alumnos de ambos sexos se agolpaban en torno nuestro! Buenos Aires tiene su *Club francés*, brillantemente instalado, Rosario, Santa Fé y Tucuman tienen su *Casa de Francia*, donde vibra el más ardiente patriotismo; Montevideo cuenta con su *Circulo francés*, abierto a los representantes de todas las opiniones, su *Comité de las Amistades francesas* y su *Unión de Juana de Arco*. Es decir que en todas partes hay muestras de unión y de influencia.

Cuánto seria de desear que esos grupos de buenos franceses fueran bastante ricos para dar mayor vuelo al periódico diario que es el principal órgano de nuestros intereses, *Le Courrier de la Plata!* Hombres de verdadero talento le redactan y lo mantienen a un nivel muy elevado; pero con cuanta envidia deben mirar a esos reyes del periodismo que se llaman *La Nación* y *La Prensa*, con su información tan exacta y tan completa, sus páginas tan inmensas — en algunos números 28 y hasta 32 — sus correspon-

1. Sobre este Instituto de la Universidad de Paris, puede consultarse el articulo del profesor Raymond Rouge, de la Revista *Francia-America* de Marzo de 1923.

dencias del mundo entero, sus artículos firmados por los escritores más ilustres de Francia, de España y de Italia! En ningun pais del mundo he visto periódicos tan bien hechos. No olvidemos en Francia nuestro *Courrier*, y démonos el trabajo de documentarle y de buscarle útiles concursos.

Pero ya es tiempo de que vuelva a lo que sigue siendo el principal instrumento de nuestra influencia intelectual y moral, los colegios, en los que el personal docente es, en su gran mayoria, francés. Con mucho gusto tributaré los elogios debidos a las escuelas creadas por la *Alianza francesa*. Los franceses de Buenos Aires lo han establecido en aquella ciudad en 1893; hoy dia (1923) lleva fundados en los distintos barrios de la capital 57 cursos gratuitos de francés, frecuentados por 2200 alumnos. Los programas han sido adoptados por los establecimientos religiosos y en los ultimos exámenes de la *Alianza francesa* los conventos de religiosas presentaban 152 candidatas. La *Alianza* de Buenos Aire ha contribuido a la fundación de distintas filiales: en Bahia Blanca, en La Plata, en Rosario y los sostiene con la ayuda de subvenciones. Pone a disposición de los alumnos una biblioteca de 4000 volamenes.

Por último felicitaré al *Liceo de* Montevideo, fundado por la *Sociedad francesa de enseñanza*, con el concurso del gobierno francés y el benévolo apoyo del gobierno uruguayo. Inaugurado el 15 de Marzo de 1922, en presencia del presidente de la república, no pasa de ser un modesto ensayo, y por otra parte la importancia de eas contadas escuelas laicas es bien pálida al lado de la que revisten las de las congregaciones.

Dios me guarde de intentar poner en oposición por ningun concepto a las congregaciones de diversas nacionalidades que ejercen en la Argentina y el Uruguay su útil ministerio. Si asi lo hiciese no procederia ni como católico, ni como sincero amigo de estos paises. He visitado con simpatia buen número de casas de educación, cuyos maestros son, es su mayor parte, españoles o italianos, y a todos debo hacer justicia.

Los jesuitas del Salvador, de Buenos Aires, me recibieron con perfecta cortesia, y en su casa di una conferencia sobre la familia francesa. Los del colegio de la Inmaculada Concepción, de Santa Fé, me acogieron fraternalmente y reunieron, para que yo les dirigiese la palabra, a los representantes de todas las buenas obras de aquella gran ciudad. Donde quiera que he ido he admirado las obras populares, escuelas y talleres, de los Salesianos de Don Bosco, y de las Hermanas de Maria Auxiliadora, fundadas por el mismo Padre. Cuando en Mendoza, por boca de niños de doce a trece años, se me prodigaron, para que los transladase a Francia y al Sr. Poincaré, consejos de caridad cristiana y del perdón de las injurias, los escuché con benévola sonrisa. Tambien debo elogiar, con toda mi alma, a las religiosas italianas, tan perfectamente distinguidas de Nuestra Señora del Huerto, que tienen en Buenos Aires dos grandes colegios de niñas. Y lo mismo digo de tantas otras.

Nadie, sin embargo, de buena fé podria imputarme a falta el que me sintiese más conmovido cuando en la aislada campiña de Melilla, a pocas leguas de Montevideo, cerca de la estancia del Sr. Buxareo, visité el asilo y la escuela dirigidos por nuestras Hermanas de San Vicente de Paul, cuya superiora, que ha pasado, toda la guerra en Verdun, me confió que siempre oia el cañon, y según me aseguraron los médicos, seguirá oyéndolo toda la vida. « ! Ah ! ! Qué buen tiempo aquel ! » me decia hablando de aquellas trágicas horas ! Pobres y santas mujeres que a pesar de la estrechez en que viven, aun se arrgeglaron de modo de poder hacer un regalo al que venia a visitarlas en nombre de Francia ! !

En realidad de verdad si nuestra lengua está bastante difundida para que en todas partes haya seguridad de reunir auditorios capaces de comprenderla, si se conoce y se aprecia a nuestro pais, si son aplaudidos nuestros libros y nuestros autores, se debe sobre todo, y esto hay que proclamarlo muy alto, a nuestros congregacionistas que en todas las circunstancias han sido admirables franceses.

El primer puesto en las congregaciones francesas que dirigen colegios de los llamados de enseñanza secundaria, corresponde a los Padres de Betharram, vulgarmente denominados Padres bayoneses, o Padres vascos. El colegio de San José en Buenos Aires, que cuenta con más de 1.100 alumnos, se recluta sobre todo en la clase media acomodada. Poseen además el colegio del Sagrado Corazón en Rosario, el de San José en la Plata, y la escuela de la Inmaculada Concepción de Montevideo. Cada uno de esos nombres evoca en mi el recuerdo de recepciones fraternales y encantadoras. Con gran pesar mio me fué imposible llegarme hasta el Paraguay, donde me ofrecian la hospitalidad en su colegio de San José, de Asunción. A la sombra de sus colegios los Padres de Betharram mantienen obras importantes de estudiantes universitarios, y de antiguos discipulos, habiendose además puesto a la cabeza de muchas parroquias y circulos obreros.

A su lado merecen citarse los *Padres de Lourdes*, poco numerosos, pero activisimos. Su colegio de San Miguel, en Buenos Aires, está en vias de progreso, pero merecen la gratitud de Francia más que por otra cosa por su admirable Colegio de Tucuman.

En Buenos Aires existe un colegio antiguo, cuyo solo nombre indica su origen francés, el *Colegio Lacordaire*, en manos de los dominicos. Desgraciadamente entre sus maestros no queda ya más que un francés, muy anciano, el Padre Sisson, lleno de talento y de facundia, y secundado por un sacerdote alsaciano ardiente patriota, el abate Reinhardt.

En la Argentina, según ya he hecho notar, es muy dificil distinguir la linea divisoria entre la instrucción primaria y la secundaria, por haber desaparecido los estudios clásicos. Entre los dos órdenes de enseñanza se colocan algunas casas importantisimas, dirigidas por hermanos. No hay franceses más ardientes que los *Hermanos de las Escuelas cristianas* y, entre las mujeres, las *Hermanas de San Vicente de Paul*. Su Colegio La Salle de Buenos Aires cuenta de 1.200 a 1.400 alumnos, y no pasa de ahi porque falta sitio. Cuando yo lo visité por primera vez, estaba aún dirigido por el Hermano Marcellin, que durante toda la guerra habia sido el más sólido campeón de la influencia francesa. El discurso que me dirigió, y que fué corroborado por el de un argentino el Sr. Lainez me llegó hasta el fondo del alma, pero fué su canto del cisne. Cuando volvi al cabo de cuatro semanas, para celebrar en la capilla la fiesta de San Luis (el circulo de San Luis tiene su local en el colegio La Salle), el pobre hermano, atacado por un mal implacable, habia perdido el uso de la palabra, y murió en la primavera siguiente.

En el riñón de Buenos Aires los *Hermanos maristas de Saint Genis Laval*, regentan el colegio Champagnat (del nombre de venerable fundador) que ha conseguido atraer una buena parte de la clientela aristocrática, que en general se inclina más bien al colegio de jesuitas del Salvador. Muchas veces he encontrado a esos hermanos en Argentina, singularmente en Mendoza, donde dirigen el único colegio de tan importante ciudad.

En Montevideo, Francia está representada en la enseñanza principalmente por los *Hermanos de la Sagrada Familia*, que se esfuerzan por inculcar en sus discipulos una verdadera simpatia hacia nuestro pais.

Aunque no sean docentes, hay tambien otras congregaciones que contribuyen con sus obras a extender el circulo de nuestra acción, y en primera linea, los *Lazaristas*, tan profundamente franceses. Nadie ignora que ellos son los que llevan la alta dirección de las comunidades y obras de las Hermanas de San Vicente de Paul. Un hombre de valor extraordinario, el R. P. Dupeux, desempeña el cargo de visitador en la Argentina, el Uruguay y Chile, y al lado suyo he visitado en Buenos Aires el importantisimo centro de la calle Cochabamba, en el que el espiritu bondadoso del « Señor Vicente », reina tan por completo como en nuestra patria. Tambien los Lazaristas aseguran el culto, a unas quince leguas de la capital, del santuario nacional de Luján, el Lourdes de la Argentina. Igualmente los he vuelto a encontrar en Montevideo, en la gran parroquia de la Unión.

Los Agustinos de la Asunción, poco numerosos, pero interviniendo inteligentemente en muchas obras, en Buenos Aires ejercen una saludable influencia sobre una parte de la juventud femenina, mediante la asociación noelista, afiliada a la de Paris, y sirven de corresponsales exactamente informados al periódico *La Croix.*

En la misma ciudad merecen citarse todavia los *Padres del Santísimo Sacramento,* cuyas piadosas ceremonias, en su magnifico templo atraen a centenares de hombres : los *Padres Blancos* del Cardenal Lavigerie, encargados desde hace treinta años de dar a conocer en la América del Sur dos obras tan eminentemente francesas. en su origen, como la Propagación de la Fé y la Santa Infancia ; y por último, los *Padres Libaneses de San Maron,* que han adoptado a Francia como su segunda patria, que cultivan y enseñan nuestra lengua y que se glorifican de haber dado mártires a nuestra causa. Es pues, muy justo que los consideremos como a hermanos nuestros, menores, y que como a tales les tratemos.

Despues de lo que dejo dicho sobre la influencia de las mujeres en la sociedad argentina, fácil sera comprender cuánto importa que Francia tome parte en su educación. La toma, en efecto, y muy preponderante, gracias a los dos conventos de las *Damas del Sagrado Corazón,* y a los otros dos de religiosas de la *Santa Unión de los Sagrados Corazones,* cuyo papel predominante ya he indicado.

Detrás vienen las *Dominicas de Albi,* con cuatro colegios en Argentina, uno de ellos en un elegante barrio de Buenos Aires, y tres en el Uruguay (uno en Montevideo). Frecuentan estas clases más de 2.000 alumnas, y en ellas se preparan los exámenes de la Alianza francesa. La simpatia de las colegialas por Francia, se hizo patente durante la guerra de una manera muy tierna : por espacio de cuatro años, todas renunciaron a que se les entregasen los premios que ganaban, exigiendo que el dinero que en ellos habia de invertirse, se enviase a obras francesas. Claro está que además enviaron, en gran cantidad, ropas para nuestro soldados. Muchos miembros del cuerpo diplomático, y no pocos senadores y diputados, confian a esas religiosas la educación de sus hijas.

En Santa Fé existe igualmente un excelente colegio de niñas

dirigido por las religiosas de *Nuestra Señora del Calvario*, entre las cuales se halla una mujer verdaderamenta admirable y cuya acción es muy importante.

Otras congregaciones tienen por objecto educar a los hijos de la clase popular. Antes que ninguna hay que citar a las *hijas de la Caridad* que cuentan con quince establecimientos en la sola ciudad de Buenos Aires. Lo mismo que sucede en Francia, en los corazones de esas niñas reinan soberanamente las religiosas que las instruyen y lás enseñan las labores propias de su sexo. Independientemente de las escuelas, su celo las lleva a colaborar en otra porción de buenas obras: hospitales de primera importancia, orfanotrofios, asilos maternales, refugios, cocinas económicas, etc. Dirigen cinco asilos maternales, fundados por las más altas damas de Buenos Aires y que son una de las más magnificas instituciones de aquella ciudad en que la beneficiencia puede decirse que no reconoce limites.

La *Congregación de las Hermanas del Niño Jesús* de Aurillac, fundada al dia siguiente de la revolución por el abate Neyret, dirige un colegio, el Orfelinato francés y el asilo Marie Jauregui de Pradeie, llamado asi por el nombre de la dadivosa Señora, de origen vasco, que dió cientos de miles de francos para esas fundaciones francesas.

Los dos *Institutos de la Inmaculada Concepción de Castres*, y de la *Inmaculada Concepción de Lourdes*, trabajan en muchas escuelas, tanto retribuidas como gratuitas, y ejercen además otra multitud de ministerios en las más remotas misiones.

Las *Siervas de Maria*, o Hermanas de Anglet fundadas por el santo canónigo de Bayona Luis Eduardo Cestac, se ocupan en toda clase de obras útiles para los vascos. En su colegio *Euskal Eschea*, donde angelicales niños vestidos con los pintorescos trajes de nuestras provincias, nos divirtieron con canciones de Botrel, el capellan español tributó a aquellas buenas religiosas este homenaje, que hizo extensivo con sobrada razón, a sus hermanas de otras congregaciones : « Las religiosas francesas pueden renunciar a todas las comodidades de la vida y alimentarse con nada ;

pueden renunciar a los encantos de su sexo, y ocultarlos bajo los más pobres vestidos ; pueden renunciar a todos los goces de la familia ; pueden renunciar hasta a vivir en su pais para ejercer cualquier ministerio en cualquier clima, a mil leguas de su patria, pero hay una cosa a la que no consentirian en renunciar por nada del mundo ; su bandera, la bandera de Francia ».

Si menciono entre esas admirables educadoras de los pobres (lo cual no les impide dirigir colegios de más elevada categoria) a las *Congregaciones de San José de Lyon*, de *San José de Chambéry*, a las *Hijas de la Cruz*, de la Puye, junto a Poitiers, y por último a las *Hermanas de Santa Marta*, recientemente establecidas en La Plata, habré agotado la lista de nuestras comunidades docentes.

Pero nadie me perdonaria si no tributase el homenaje debido a las *Hermanitas de los Pobres*, que ejercen la misma caridad en América que en la tierra de Francia ; a las *Hermanitas de la Asunción*, enfermeras de los pobres, que tambien provocan alli abajo igual admiración que en Paris, porque en una y otra parte despliegan la misma abnegación, la misma caridad, sencilla, solicita, incansable, y por último a la *Hermanas del Buen Pastor*, que consagran todos sus esfuerzos á la dificil misión de regenerar a las mujeres culpables y de preservar, a ser posible, a las que, en edad todavia temprana dan signos de grave inquietud. El gobierno argentino les concede toda confianza.

Tal es el noble activo de nuestro pais. No huelga añadir que todas las congregaciones citadas están amenazadas en su existencia, o a lo menos en su acción en favor del espiritu francés, por las dificultades con que tropieza su reclutamiento en la madre patria ! Apresúrese el gobierno y el parlamento a tomar las medidas que, desde hace tanto tiempo se nos dejan esperar ! Esta es cuestión de vida o muerte para la influencia espiritual de Francia en la América del Sur.

Estos pensamientos embargaban mi ánimo, cuando en la mañana del 15 de Agosto 1922 saludé en la espaciosa sala del Colegio de San José a los representantes de todas esas familias religiosas, alli reunidos. « Hemos venido, les dije en substancia, no a que nos deis las gracias sino a transmitiros las que Francia os envia, no ya sólo la Francia católica, lo cual no ofrece duda, sino hasta la Francia oficial, cuya opinión ha cambiado bastante respecto a vosotros, por más que ciertas consideraciones politicas y una lamentable debilidad paralicen todavia la buena voluntad de los jefes. A nosotros nos toca ganar la batalla delante de la opinión. A vosotros incumbe el batir el mal con el bien, *vincere in bono malum*. Hacedlo por Dios y por Francia. El secreto de vuestro éxito está en vuestra formación tan séria, tan profundamente cristiana, tal como la comprenden en los seminarios y en los noviciados de Francia; está en el desinterés y el ardor generoso con que trabajais, caracteristicas del espiritu apostólico de los franceses; *está en el respeto que profesais a la legislación y a los programas de los paises en que ejerceis vuestra acción; está en el sentido nacional que os da vuestro propio patriotismo, gracias al cual cultivais el espiritu nacional de los niños que se os confian, espiritu que es tan indispensable formar en los paises nuevos y heterogéneos; está en el tacto que os permite asociar en ellos a ese espiritu nacional, el conocimiento y el amor de Francia, pues asi sometido al cariño que profesais a vuestra patria no puede inspirar recelos a nadie y contribuye a que seais respetados*. La recompensa será la que á Dios plazca concederos, pero en todo caso, vosotros siempre le habreis ganado a El almas! Ojalá Francia entonces llegue a comprender el inestimable precio con que debeis ser pagados, si de vuestras manos católicas y francesas recibe almas dispuestas a comprenderla y a amarla! »

Importa dejar consignado que las congregaciones docentes, lo mismo las francesas que las de otros paises, forman buenos argentinos y buenos uruguayos.

Esas congregaciones hay que clasificarlas entre las fuerzas espirituales útiles a sus paises de origen, y no entre los instrumentos de una politica interesada. Los españoles representan la fuerza espiritual de España, los italianos la de Italia, los vascos, de una y otra parte de los Pirineos, la del pais vasco, los franceses la de Francia.

De estos últimos sobre todo es de quien debe decirse que representan una fuerza espiritual, por muy inferiores que sean, numéricamente, a los otros tres elementos constitutivos de la nación, españoles, italianos y vascos.

Todos contribuyen a mantener en el país en que viven aquel espíritu europeo que ya señalé desde el principio de este estudio y a desarrollar, tan enérgicamente como los colegios llamados nacionales el espíritu nacional, consideración que no carece de interés, ni aún para nuestros viejos paises donde a veces pretenden algunos que la unidad de escuela es una condición de la unidad de la nación y del patriotismo.

Espíritu europeo! Espíritu nacional! Vamos a terminar nuestro trabajo haciendo algunas reflexiones sobre esos dos espíritus y las consecuencias que pueden sacarse de su coexistencia.

CAPITULO VIII

CONCLUSIONES.

Al terminar la primera parte de este estudio afirmé que la población de la Argentina y del Uruguay, permanecia, en resumidas cuentas, de raza europea y latina, mucho más proxima a nosotros que los americanos del Norte.

Hay sin embargo escritores — por ejemplo el Sr. Webster E. Browning, profesor en las Universidades de Princeton y de Lima — capaces de sostener que existe una mentalidad americana, común a ambas Américas [1].

Aunque confiesa sus diferencias, discierne en ciertos ideales comunes los rasgos fundamentales de un « alma americana ».

Estos ideales comunes son el religioso, el democrático, el intelectual y el artístico.

« En el Norte como en el Sur, dice el Sr. Browning, la religión es la fuerza que engendra el movimiento, el faro que ilumina la vida americana, donde no existen ni budhistas ni mahometanos, ni se conoce otra religion que el cristianismo. El alma americana es, esencialmente, cristiana.

« Toda América es republicana, y del Norte al Sur florecen y fructifican los principios egalitarios de la revolucion francesa. No fué en América donde nació la generosa idea de la Sociedad de la Naciones, es decir, del mayor esfuerzo intentado para

1. Articulo del *Mercurio peruano*, Noviembre 1920.

implantar el imperio de la fraternidad humana?. Esta idea sola contiene « todo el idealismo, toda la generosidad, todas las virtudes de las razas colombianas ».

Hasta en las obras del espiritu y en las Bellas Artes, vislumbra el Sr. Browning entre las dos Américas » un fondo común, una vena común, una forma particular de cultura ».

Ciertamente no todo eso es falso : la analogia de algunas circunstancias del desarrollo social y la frecuencia de relaciones, acaban por engendrar similitudes.

Pero cuanto más hondas son las diferencias que las semejanzas !. El catolicismo de la América española y portuguesa, dista mucho del puritanismo de los Estados Unidos, y por desgracia ni en uno ni en otro de esos paises aparece hoy la religión como « la fuerza que engendra el movimiento ».

En cuanto a la noble idea de la Sociedad de la Naciones realizando al fin la fraternidad humana, cabe más cruel ironia que el haberla abandonado los mismos que la concibieron?.

Nos queda la cultura, y todas las páginas que llevo escritas tienden a probar que esta, en la América del Sur es de base española, italiana y francesa, mientras que en los Estados Unidos es de base anglo-sajona.

La similitud permaneceria completa en el órden politico, porque las constituciones del Sur están copiadas más o menos literalmente de la del Norte; pero con cuan diferente espiritu en la práctica !.

Atengámonos, pues, a la tésis del « espiritu europeo ».

En cuanto al espiritu nacional, puede existir realmente en un pais tan jóven y tan arlequinado?. Si; puede existir, y el principal elemento que lo forja es la escuela. Al pié de la letra Argentina, el Uruguay y otros paises estan creándose un pasado casi legendario. Todo lo que atañe a la época de la independencia, adquiere un caracter sagrado, los hombres y los monumentos : San Martin, Belgrano, Artigas, la casita de Tucuman donde se reunió el congreso, el pino a cuya sombra asistió San Martin a la batalla de San Lorenzo, la casa natal de Artigas. Con la misma compunción con que antaño se referia entre nosotros la historia del vaso de Soissons, alli abajo se cuenta como, en Tucuman, Belgrano proclamó generalisima del ejercito libertador a la Virgen de las Mercedes. Todos los años el 23 y 24 de Septiembre, aniversario de la batalla de la Ciudadela, se pasea a la Virgen, con gran pompa, por las calles de la ciudad. En Mendoza los franciscanos conservan como una reliquia en su iglesia el bastón de mando que el General San Martin regaló a la Virgen del Carmen.

Cerca de la misma ciudad, al pié de los Andes, se levantó, construido con bronce y con rocas el imponente y original monumento erigido en memoria del ejército que franqueó la cordillera y emancipó a Chile y al Perú. En la plaza principal de todas las ciudades de la república, se alza la estátua de San Martin. Considerándole como fundador de la nación, el fomentar su culto equivale a robustecer el patriotismo y a suscitar ese espiritu nacional que en nuestros pueblos antiguos ha ido lentamente formándose.

Ninguno de nuestros manuales escolares puede dar idea del tono de los que se usan en la Argentina, o en el Uruguay, aun los redactados por un hermano francés, como el *Curso de historia patria* que me dieron en Montevideo. Con este régimen los hijos de extranjeros inmigrados se vuelven buenos argentinos o buenos uruguayos desde la primera generación. Me parece muy bien; pero entonces, porqué se nos echa a nosotros en cara nuestro « chauvinisme » ?.

Este estado de espiritu es necesario para convertirse en un gran pueblo y por eso la Argentina llegará a serlo.

Entre tanto se ve obligada a tomar en cuenta los elementos heterogéneos que la forman y la necesidad en que se halla de atraer extranjeros para poblarse. El Sr. Zeballos que, a fines de Agosto 1922, presidió en Buenos Aires el congreso de jurisconsultos, en que se distinguieron particularmente nuestros compatriotas los Sres. Colin y Baudelot, probó en su discurso de apertura cómo la situacion especial de la Argentina determina su derecho internacional y privado. « Debemos, dijo en substancia, admitir todos los principios, o poco menos, y conceder a cuantos vengan entre nosotros el máximo de lo que su derecho nacional les permite; debemos, para que la paz no se turbe entre los ciudadanos, mostrarnos amigos de todo el mundo : la neutralidad se impone, y seria absurdo entrometernos, por razones de sentimiento, en los negocios de Europa, sobre todo en una guerra. La Argentina no puede seguir una politica nacionalista, sino una politica humanitaria ».

Alguien susurraba, sin embargo, que cuando el Sr. Zeballos era ministro habia seguido una politica sino abiertamente nacionalista, a lo menos muy nacional. Pero estas son pláticas de familia en las que no debemos entrar nosotros.

Al escucharle nos acordábamos de las declaraciones hechas por el Sr. Pueyrredon en la primera sesión de la Sociedad de las Naciones, celebrada en Ginebra a fines de 1920, la brusca retirada de la delegación argentina, que no habia logrado hacer adoptar su programa y las instrucciones dadas por el ministro Torello : « la Argentina no está con nadie, ni contra nadie; está con todas las naciones, para el bien de todas ».

Con esto queda contestada de antemano la pregunta, demasiado simplista, que en Francia, se suele dirigir a todos los que vuelven del extranjero : « que son allí, francófilos o germanófilos »?

Dios mio! Excepto en horas de crisis aguda no se plantea asi el problema.

Los argentinos, como todos los pueblos del globo, prefieren su pais a todos, de suerte que consideran mas que nada sus intereses y despues vienen los simpatias mas o menos marcadas, que, por otra parte varian segun las circunstancias o el curso de los acontecimientos.

Que los alemanes conservan en Buenos Aires y en otras ciudades del interior, Santa Fé, Cordoba, etc, numerosas simpatias, principalmente en el ejército y en una parte del clero, seria insensato negarlo. Pero Francia, a su vez, no les va en zaga. Por mi parte no tengo palabras bastantes para expresar cuan grande es mi gratitud, que durará tanto como mi vida, por la acogida que se me ha dispensado, por las atenciones con que se me ha distinguido, y por las aclamaciones con que mil y mil veces, he oido saludar el nombre de mi patria.

Es exacto pretender que los germanófilos se reclutan principalmente entre los católicos ?. Ciertamente entre las personas mas religiosas y en el clero hay personas que no perdonan al gobierno francés su actitud religiosa de antes de la guerra. Sin embargo, el restablecimiento de las relaciones con el Vaticano ha producido el mejor efecto. Si ahora se arreglase de un modo equitativo la cuestión de las congregaciones, los viejos agravios se olvidarian, o a lo menos los invocarian solamente los que bajo la màscara de la religión ocultan antiguos rencores nacionales o bien opiniones que nada tienen de desinteresadas. No olvidemos que en la elección del Sr. de Alvear a la presidencia, la mayor parte de los católicos han votado de acuerdo con los radicales, no siendo un misterio para nadie las simpatias del nuevo presidente hacia Francia.

Católico tambien era el ministro que, en Tucuman, me saludó en estos términos, verdaderamente caracteristicos : « Vuestra presencia entre nosotros es un motivo de júbilo, porque Vuestra Grandeza nos trae el saludo afectuoso de nuestra hermana mayor, la dulce Francia, que según frase de un escritor argentino, es la segunda patria de todo hombre libre.

« Renuévase entre nosotros la alegria cada vez que recibimos las embajadas intelectuales con que nos honra el viejo mundo, embajadas espirituales cuyo objeto es apretar los lazos que unen a las naciones, para que cada dia se conozcan mas y puedan buscarse mejor las bases de la concordia universal, bajo la bendición de Dios.

« Bien sabeis, Monseñor, que este apartado rincón de la tierra americana, ha comprendido siempre los sentimientos de los hermanos latinos, que con tanta dignidad representais. Durante los sombrios dias de la terrible guerra, nuestras oraciones se elevaban al cielo para pedir al Señor que hiciera inclinarse la balanza del lado del derecho, de la justicia y de la libertad. Os hemos acompañado en vuestras pruebas, asi como en vuestro triunfo, que es el de la humanidad.

« Hoy el sol de la paz extiende sobre la tierra sus benéficos rayos, el himno del trabajo sube hasta los cielos, y la justicia divina ha dado a Cesar lo que a Cesar correspondia. La Alsacia-Lorrena arrancada por la ambición de un pueblo orgulloso al corazón de Francia, ha vuelto al seno materno, consagrando asi el gran principio de las nacionalidades. La bandéra tricolor flota de nuevo en la orilla izquierda del Rhin, el poeta ya no llorarà sobre la estàtua de Kléber y pronto podremos grabar la frase legendaria : « Aqui empieza el pais de la libertad ».

« Los sentimientos cristianos que han animado y animan, a Francia son los que han contribuido a hacerla grande y poderosa, y será un honor para Francia el dar prueba de su gran corazón y de su generosidad, perdonando, como Cristo, las injurias que se le han inferido.

« Vuestra presencia entre nosotros, Monseñor, nos es tanto mas grata cuanto que el sentimiento religioso de Francia, que tan noblemente se encarna en vuestra persona, se armoniza admirablemente con el sentimiento religioso y la tradición católica de nuestro pais, sentimiento y tradición consagrados por la costumbre y por la constitución ».

Los argentinos, como todos los pueblos tienen gran interés en que se restablezca una paz verdadera, que permita cambios internacionales más fáciles y más activos, lo cual induce a muchos de ellos a pensar que Francia es demasiado exigente en sus reclamaciones. Sin embargo, a poco que se reflexione, no es dificil hacer comprender a un auditorio culto, que el punto de vista francés es no sólo el más justo, sino el que mejor garantiza para lo porvenir los intereses de todos y la paz general. Esto es lo que me he esforzado en probar.

Concluyamos con la Argentina el acuerdo económico sobre los puntos que ya he indicado. Arreglemos, sin más aplazamientos, la cuestión irritante que, desde hace tanto tiempo es causa de tantos lamentables rozamientos entre ambos paises, la de la nacionalidad de los hijos de franceses nacidos en las orillas del Plata. Nosotros mismos convertimos en enemigos nuestros a esos hijos de franceses, porque si no prestan su servicio militar en Francia, los calificamos de desertores, y nuestro suelo se les cierra para siempre, con gran detrimento de nuestro comercio y de nuestra influencia politica. Italia ha sabido resolver el problema autorizando a los hijos de italianos nacidos alli a optar entre las dos nacionalidades y los dos servicios militares. El Sr. de Alvear no disimula su vivo deseo de que se resuelva esta cuestión.

Por último, penetrémonos bien de la idea de que la Argentina está resuelta a que se la considere en adelante no sólo como un factor económico, sino como un factor de politica internacional.

A ello tiene derecho. Su situación, gracias a la topografia del suelo y a la variedad de los climas, la permite aspirar a un porvenir comparable al de los Estados Unidos del Norte, porque tiene menos que luchar que las otras naciones de la América del-Sur, incluso el inmenso Brasil, contra el enervamiento que produce el clima tropical o los obstáculos de la naturaleza. El presidente Pellegrini, muerto en 1906, calculaba que ese desarrollo llegaria a su apogeo « antes de concluir el siglo que corre ».

No hay que sorprendernos de que la Argentina nos pida que la tratemos con tantos honores como á su poderoso vecino, nuestro gran amigo el Brasil, y desea que transformemos en Embajada nuestra legación en la Argentina. España y los Estados Unidos lo han hecho desde hace algunos años, Chile, el Brasil y el Uruguay han decidido imitarlos, y es muy probable que Italia no tarde en seguir el mismo camino. Seria penoso y peligroso para nuestra influencia que el representante de Francia pasára en todas las ceremonias detras de esos Embajadores.

Hasta en lo que atañe a los puestos de lo interior, como cónsules, vice-consúles y cancilleres, es grave error mirarlos como secundarios, pues exigen hombres distinguidos, que conozcan a fondo el pais. Los alemanes, que pasan por menos fuertes en psicologia que nosotros, nos aventajan, sin embargo, constantemente por la seguridad de sus métodos, la exactitud de sus informaciones, su habilidad en aprovecharse de los menores resquicios para hacer pasar sus acusaciones contra nosotros, presentar sus propias proposiciones y ofrecer sus mercancias.

Convendria igualmente que, a toda costa, diéramos a nuestros agentes los medios de hacer buen papel y de representarnos con dignidad. La penuria y la mezquindad de nuestros servicios dan lástima.

Hacia que parte va a orientarse la actividad politica de la Argentina?? Hacia América sólo, o tambien hacia Europa ?.

« La nueva generación argentina quiere suscitar el propio génio americano, escribe el decano de la Facultad de Filosofia y Letras de Buenos Aires, Sr. Ricardo Rojas, quiere realizar el ideal que en treinta siglos no han podido realizar los pueblos europeos, y a ser posible rectificarlo ».

En el Congreso panamericano que acaba de reunirse en Santiago de Chile, (1923) se ha manifestado una tendencia a separar los problemas americanos de los del resto de mundo, corriente que nada tiene de nuevo, y que los Estados Unidos favorecen, pero que no ha prevalecido.

Algunos desacuerdos se han producido entre las tres grandes repúblicas, la Argentina, el Brasil y Chile.

La divisa del Norte « América para los americanos », ha suscitado bastantes desconfianzas, como si ocultara cierto deseo de hegemonia, y de reducir a la América latina al papel de « brillante segundo ».

El Doctor Ingenieros, sociólogo argentino, escribe a este proposito : « Necesitamos encontrar una manera de contrabalancear el poder de los Estados Unidos, si queremos salvar la independencia y la soberania de nuestras nacionalidades ».

Este contrapeso no puede encontrarlo la América latina más que en Europa. Un escritor argentino, el Sr. Ugarte, lo ha demostrado con los más decisivos argumentos en una conferencia que dió este invierno en el Colegio libre de las Ciencias Sociales de Paris, y despues en un hermoso articulo publicado el 8 de Abril en la *América latina.*

El espiritu europeo de la Argentina, con lazos seculares que, desde la época colonial, la unen a la Europa occidental, la predispone a seguir ese camino.

Luis XIV y Napoleón, buscando en un gran sistema politico la unión de Francia por una parte, y España y sus colonias por otra, habian comprendido que de este modo podia organizarse el mundo latino, en torno al Atlántico. Hoy, que una gran parte de Africa es francesa, el Atlántico tiende cada vez más a convertirse en el centro del mundo civilizado y cristiano. La Argentina podria ser uno de los polos de ese mundo nuevo.

Muy hábil seria, por nuestra parte, que la ayudásemos a ello. El advenimiento al poder de un hombre enérgico y sagaz, como el presidente Alvear, nos ofrece una ocasión favorable para dar a nuestra politica una orientacián definitiva, que contribuiria a determinar intereses y simpatias comunes. Esforcémonos por comprender las aspiraciones de un pueblo rico de porvenir y ayudémosle a realizarlas. A su vez él nos comprenderá mejor que hoy dia, y en las horas criticas de la historia le hallaremos, en la medida de lo posible, al lado nuestro.

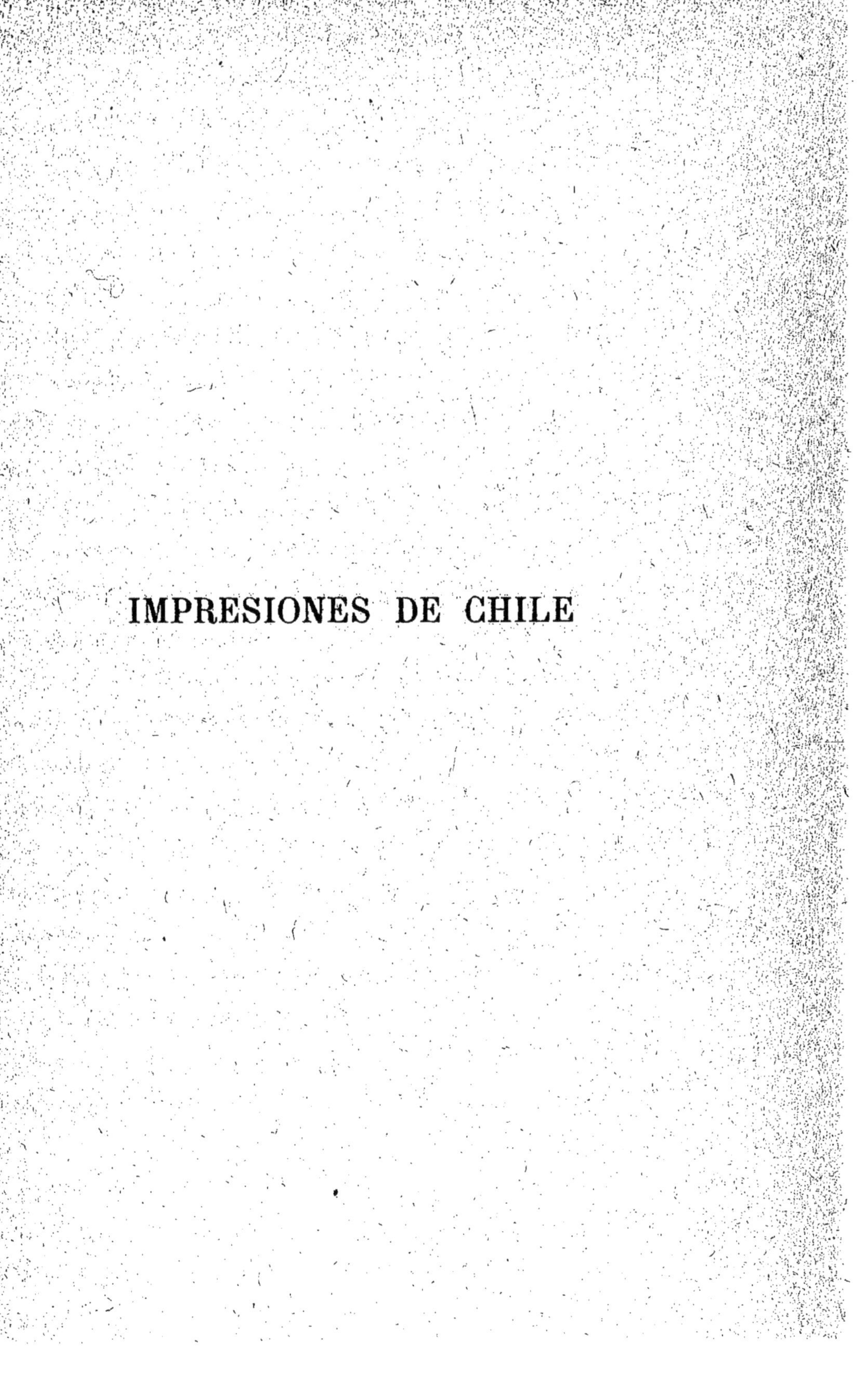

IMPRESIONES DE CHILE

IMPRESIONES DE CHILE

CAPITULO I

De Buenos-Aires à Santiago.

Hermanos de sangre, de cultura y de religión : ya he desarrollado esta tésis, a propósito de la Argentina y del Uruguay, únicos paises, además de Chile, que he visitado en mi viaje de 1922. Ahora bien ; si las mismas verdades se aplican a los tres pueblos porqué no haberlos fundido a los tres en un solo molde? Tratando separadamente a Chile, no se corre el riesgo de caer en inútiles repeticiones ?

No, ciertamente. A pesar de numerosas semejanzas, Chile se distingue, por mas de un rasgo, de las otras dos repúblicas, y merece que se le estudie aparte.

Asi voy a intentarlo [1].

Hallábame ya de antemano bastante persuadido de estas dife-

1. No se han olvidado los articulos tan pintorescos y tan personales publicados en 1909 en el *Correspondant* por S. A. el Principe Luis de Orleans y Braganza, como tampoco los de los Sres Bellessort y Henri Lorin en la *Revue des Deux Mondes* en 1896 y 1912. Los que el Padre Jorge Fernandez Pradel publicó en los *Etudes* han sido completados y reunidos en un volùmen, bajo el titulo de : *Chile, despues de cien años de independencia*... Paris... Beauchesne, 1912. En 1914 la *Enciclopédia universal ilustrada europeo-americana* publicó un àrticulo de 140 columnas sobre Chile, terminado por ocho columnas de bibliografia. Por ùltimo en 1915 apareció en Londres y en Santiago un magnifico volùmen in-4° de 586 pàginas con este titulo : *Impresiones de la República de Chile en el siglo XX*. El director de esta gran publicación ha sido el Sr. Reginald Lloyd.

rencias para comprender que Chile merecia bien que se hiciera un viaje para él solo, y que seria insensato aprovechar una estancia en la Argentina, para injertar en mi relato una rápida escapatoria al otro lado de los Andes. A todos los que, antes de mi salida de Paris, me decian : « Ireis a Chile » ? No podeis por menos de ir a Chile ! « respondia imperturbablemente : « La tentatión es muy fuerte, pero no caeré en ella ».

Al dia siguiente de desembarcar en Buenos Aires, aquella firme resolución principió a flaquear. El ministro de Francia me hizo ver un telègrama del Presidente del Consejo, Sr. Poincaré, en el que decia que las autoridades civiles y religiosas reclamaban mi ida a Santiago y que yo debia hacer todo lo posible para responder a su llamamiento. En los dias que siguieron recibí una série de invitaciones tan lisonjeras como apremiantes : carta del venerable Arzobispo, Monseñor Errazuriz, del Rector de la Universidap Católica, Sr. Casanueva, del Ministro de Francia en Santiago, del Conde de la Taille, presidente de la colonia Francesa, de diversos religiosos y láicos, y finalmente del Nuncio Apostólico en Chile, que me hizo llegar su carta por conducto de su colega en Buenos Aires. Los unos invocaban sobre todo el interés francés, y nuestra buenas relaciones con Chile, los otros insistian en los beneficios que resultarian para la religión de mi visita a Chile, lo cual, dicho sea de paso, respondia a la absurda acusación que alemanes y germanófilos lanzaban, y aun siguen lanzando contra mi, pretendiendo que yo no era Obispo, ni cristiano siquiera, sino un patriotero francés... peor todavia, un poincarista. Al fin cedi.

Se hubiese deseado que mi presencia coincidiera con el Congreso Eucaristico que debia reunirse del 3 al 10 de septiembre. Por desgracia habia yo contraido compromisos que no podia eludir ; mis recepciones y mis conferencias en diferentes ciudades de la Argentina estaban ya organizadas y no me era posible abandonar a Buenos Aires antes del 17 de septiembre por la mañana.

Mil quinientos kilometros que franquear y cuarenta horas de ferrocarril. Pero la primera parte del viaje fué aligerada por la deliciosa compañia del Sr. Ernesto Bosch, antiguo Ministro de la Argentina en Paris de su señora y de sus encantadoras hijas, que iban a su *estancia* de Diego Alvear. Cuantas cosas me fué dado aprender en las breves horas que pasé cerca de aquel hombre delicado y fino, cuyas reflexiones revelaban tanta perspicacia como moderación!

Atravesamos la pampa monotona, infinita, sobre la cual el sol se pone, hundiendose en la linea del horizonte con igual rapidez con que desaparece en el mar inmenso.

Detrás de nosotros dejamos las grandes *estancias*, San Jacinto, 25.000 hectáreas, Diego Alvear, 30.000, las propiedades mas modestas, formadas por dominios que poco a poco se han ido dividiendo, los centros agricolas, las aldeas que se agrupan en terno a las estaciones del ferro-carril, los bosquecillos de árboles raquiticos, que la tempestad doblega, miles y miles de vacas y caballos, no ya medio salvajes como antaño, sino domesticados y muchas vacas reunidas en parques. Adios los *gauchos* y el *lazo*.

Viene despues la impresionante región de las grandes lagunas, donde nace el rio Salado, sobre el cual revolotean los patos salvajes, las blancas gaviotas y los sonrosados flamencos. Ahora anochece. Al alba nos despertamos con bastante frio, en medio de los ricos cultivos y de las viñas de Mendoza. A pesar de lo matutino de la hora ya nos esperaban algunos religiosos franceses y maronitas y unos cuantos compatriotas mas, agrupados en torno a nuestro Consul, para saludarnos al paso, y dejarnos instalados en el transandino. Aqui los, Andes! Pero no atravesaremos los Andes como los soldados de los *conquistadores* y los del General San Martin, montados en caballos de mùsculos de acero,

« Bajando a galope tendido de la montaña »[1]

sinò en un tren ligero, de cremallera, como los de aquellos Alpes tan magnificos, pero de tan mediana altura si se los compara

1. Par la montagne à pic descendant ventre à terre. Heredia. Les Trophées. Les Conquérants de l'or.

8

con los Andes. Aquella prodigiosa carrera deslumbra al que la emprende. En un instante, a cada paso, rodando sobre puentes vertiginosos, cruzamos de la una a la otra ladera del alto valle del rio Mendoza, dominado por rocas de todos los colores y de todos los aspectos, grises, verdes, amarillas, rojas, a las que siguen grandes moles de gigantescos peñascos, de formas caprichosas. Ahora entramos en un suelo alfombrado de nieve, percibiendo a lo lejos las supremas cúspides, resplandecientes de nítida blancura. Muchas llegan a cinco y a seis mil metros, y el Aconcagua, mas en el fondo a siete mil metros, sobrepasando al Mont Blanc en mas de dos mil. Empezamos a respirar con difficultad, dudando si esto se debe a la altura en que estamos o a la admiración que el espectáculo nos causa. No sin trabajo vamos subiendo desde el *Puente del Inca*, maravilloso arco tendido por la naturaleza sobre el abismo, hasta nuestro tren, que pacientemente nos esperaba. A los dos lados del camino se amontonaban formidables masas de nieve y varios hombres, armados de piquetas y de azadas, trabajan para mantener limpio el paso que es muy estrecho, y que con frecuencia se cierra en invierno, a veces por largo tiempo. Las paredes de nieve entre las que pasamos son tan altas como los wagones. Al fin llegamos al punto culminante, a la *Cumbre*, no a pié, o montados en mulos como se hacia antes, sino pasando por un tunel que se abrió en 1910 y encima del cual se yergue el Cristo de los Andes. Desde Portillo, que fué mucho tiempo la ùltima estación de la sección chilena, la linea baja por pendientes mucho mas vertiginosas todavia que las del vertiente argentino, describiendo una gran curva en el valle del rio Juncal. Aquel dia se celebraba la fiesta nacional de Chile, y en las estaciones veiamos bailando la « *zamacueca* », encima de la nieve, bebiendo la *chicha* y lanzando gran griteria, hombres disfrazados de mujeres, y mujeres disfrazados de hombres. Poco varian los placeres en los diversos lugares del mundo. Las gentes disparaban al aire, unos con pistolas, y otros con minúsculos cañoncitos. Por todas partes flotaban banderas tricolores, y como Chile tiene los mismos colores que nosotros, podiamos forjarnos la ilusión de que estabamos en nuestra fiesta nacional de 14 julio.

Antes de ponerse el sol pareció incendiar la inmensa cordillera: las rocas lanzaban llamas y los ventisqueros ofendian la vista con sus deslumbradores destellos. A los pocos minutos noche cerrada. El tren se desliza precipitadamente por cuestas cada vez mas àsperas, hasta depositarnos al pié de los Andes en la vertiente del Pacifico.

Los Andes ! Esta era la estación donde debiamos tomar el tren para Santiago, con la esperanza de llegar a la capital hacia media noche. Pero no llegaremos. Un Obispo, Monseñor Edwards, auxiliar del Arzobispo y Vicario General castrense del ejército chileno, y algunos religiosos dirigidos por un asuncionista francés, el Padre Cyprien, del cual me habia escrito nuestro ministro que estaba en la brecha siempre que se libraba el buen combate, invaden nuestro wagón, echan por ventanas sacos y maletas se apoderan de mi amable secretario, el abate Tarré, y de mi y nos meten, de viva fuerza, en un coche. Un verdadero rapto ! Para llevarnos adonde ?. Pronto lo sabremos.

El coche se detiene a la puerta de una iglesia, abierta de par en par. En el fondo aparece el santuario resplandeciente de luces. Y me dicen : « Va V. a dar la bendición del Santisimo Sacramento » — Pero si llevo treinta y seis horas dando tumbos y estoy cubierto de polvo ! » — ? Qué importa » ?.

Y en efecto, me traen una jofaina delante del altar, se me reviste con los ornamentos sagrados, y empieza la ceremonia. ! Oh sorpresa, dulce sorpresa ! A los cantos litúrgicos se mezclan cánticos en nuestra lengua. Alli están, con sus discipulos, los Hermanos de las Escuelas cristianas y con sus alumnas las Hermanas de San Jose de Cluny. La iglesia está encomendada a los Agustinos de la Asuncion. Y a la mañana siguiente, en la Misa, se repite todo el repertorio. Es decir, que he encontrado a Francia al pié de la Cordillera, a cuatro mil leguas de nuestro pais.

Sin embargo estoy en Chile, y apenas vuelto al tren para proseguir mi carrera hacia Santiago, todo el paisage me da testimonio de ello. Por detras, en el fondo picos inmensos, recortados con gran valentia. En frente y no muy lejos el mar infinito, ¡el Oceano Pacifico. Entre los dos, elevados, estrechos y ricos valles, que se insinuan entre los contrafuertes de los Andes, ló mismo que los valles italianos al pié del Simplon, del Monte Rosa o del Cervino. En aquellas austeras soledades sonrien árboles frutales en flor, y en los puntos mas elevados surgen muy derechos hacia el cielo los cactus-cirios, de dos o tres metros de altura, que cuando llegue la ocasión propicia, se coronarán con una flor roja, como una llama.

Despues de numerosos rodeos en zig-zag, aparece ante mis ojos la ciudad de Santiago, bien plantada sobre la meseta que la sustenta, a 561 metros de altura, a 16 kilometros de la cordillera y a 130 kilometros del Pacifico.

Ya estoy en Chile : delante de mi vista tengo su imagen, en miniatura.

CAPITULO II

El Pais : la raza.

Y tengo al mismo tiempo la clave de su desarollo histórico y económico.

Chile debe su originalilad a su configuración fisica, que la aisla del resto del mundo imponiéndole una homogeneidad que no es facil encontrar en otras partes.

Contemplad este pais, tan largo y tan estrecho, comprimido entre la formidable barrera de los Andes y la costa del Pacifico, en el punto en que esta se aleja mas del continente europeo, 4.225 kilómetros de costa [1] como longitud, y como anchura 200 por término medio, que bajan a 170 en su minimum, valle de Choapa, y suben a 350 en su máximum, a la altura de Antofagasta. En el Norte y en el Sur, si bien menos acentuados, los limites son tambien naturales, al norte del rio Sama que separa Chile del Perù, al sur de la linea donde se encuentran el Pacifico y el Altántico. Región singularmente accidentada, aun en la parte que no corresponde a la alta montaña, zona de desiertos, entre el barranco del Sama y el valle de Copiapo, meseta inclinada hacia el oeste, de clima abrasador y sin agua. Este es el pais de los salitres o nitratos, zonas de los valles transversales, desde el de Copiapo hasta la colina de Chacabuco formada por las ramifica-

1. Las costas de Francia tienen una longitud de 2.497 kilómetros, o sea 1.728 menos que las de Chile.

ciones que descienden desde los Andes hacia el mar, donde llueve y donde la agricultura une sus riquezas a la que proviene de las minas: zona de la planicie central o longitudinal comprendida entre la cordillera de los Andes y la cordillera de la costa, desde la colina de Chacabuco al canal de Chacao, al norte de la isla de Chiloe, region agricola e industrial, fértil y bien regada por las lluvias; zona patagónica, que se extiende hasta el estrecho de Magallanes, compuesta de montañas y de islas, cuyas mesetas están cubiertas de ventisqueros y campos de nieve, sin mas recursos que la pesca y las praderas, donde pastan los carneros, y por último la zona de los pobres archipiélagos magallánicos.

Tierra atormentada, en la cual no podria vivir una población numerosa!. Para hacerla producir se ha necesitado un tesón en el trabajo y un espiritu de iniciativa que no reclaman otros paises más favorecidos. Tierra aislada tambien, hasta por el mar, pues Europa y Africa están demasiado lejos. Excepto España, como metrópoli, Europa ha enviado alli muy pocos immigrantes, y Africa, durante el periodo colonial tampoco mandó mas que muy pocos negros.

De estos dos factores resulta el carácter homogéneo de la raza.

Esta se ha formado, en la clase popular, de una mezcla de sangre española con sangre india.

Los indigenas de raza *mapuche* [1], formaban un pueblo que ocupaba toda la parte central del actual Chile, desde el rio Copiapo hasta la Patagónia. Mas al norte, en la región donde dominan los desiertos, habia indios de la misma raza que los que ocupan el Perú. Mas al sur los patagones y los fueguiños. Los mapuches se subdividen en tres grupos; los *Picunches*, de Copiapo al Maule, los *Pehunches*, del Maule a la bahia de Valdivia, y los *Huilliches*, desde esta bahia a la peninsula de Taitao. Al segundo de estos grupos pertenecen los Araucanos, los indigenas mas fuertes, mas esbeltos y mas valientes de la América del Sur, a cuya celebridad tanto ha contribuido el famoso poema de Don Alonso de Ercilla,

1. *Mapu* significa, en lengua araucana tierra, y *che* hombre o habitante.

La Araucana. Unida a la española la raza Araucana ha producido individuos ágiles y vigorosos, cuyos rostros originales no se distinguen ciertamente por su belleza clásica, peros cuyos músculos parecen de acero.

Asi pude apreciarlo desde el primer dia de mi llegada a Santiago. El tren entró hacia las once de la mañana en la estación, donde me esperaba inmensa muchedumbre. Las autoridades civiles, el Ministro de Francia, el clero, los religiosos, la colonia francesa, la juventud católica, estudiantes, alumnos de los colegios superiores, a pesar de ser la época de las vacaciones de Septiembre, correspondientes a las nuestras de Pascuas. En medio de músicas, de vivas y de las mas simpáticas aclamaciones, me dirigí a la residencia donde la viuda del antiguo Presidente de la república, Barros-Luco, me dispensaba el honor de hospedarme. Previamente ya habia presentado mis homenajes al Arzobispo, y presidido un primer banquete, precursor de tantos otros, a cual mas suntuoso. Además me habia enterado del programa, fuertemente recargado, que mis amigos habian ideado para obsequiarme, y al cual habia que añadir indudablemente lo siempre indispensable imprevisto.

Hacia las tres de la tarde vinieron a buscarme para asistir a la *Revista* (que es el *clou* del segundo dia de la fiesta nacional, 19 de septiembre), en la tribuna del cuerpo diplomático, en compañia de innumerables ex-ministros, muchos de los cuales me parecieron tan jóvenes como los agregados, de Generales y de otros personajes, a los que debia incorporarse, despues de terminada la revista, el Presidente de la República, Sr. Alessandri. Las fisonomias de muchos de los que me rodeaban formaban contraste por el rigor y la rudeza de sus facciones, y su color, ligeramente aceitunado con los de los argentinos, tan parecidos a muchos europeos del oeste y del mediodia. Sus uniformes dorados y rutilantes hacian resaltar la originalilad de sus cabezas. El marco del espectáculo no podia ser mas grandioso. Era Longchamp, si se quiere, pero un Longchamp teniendo como fondo en vez de las colinas de Saint Cloud, la cordillera de los Andes, que dejaba soplar desde sus ventisqueros un frio penetrante. En aquella imponente esplanada las tropas maniobraban y desfilaban con precisión extraordinária. El ejército pertenece al tipo aleman, como formado que fué en sus principios por el capitan Körner, que le impuso el casco de punta (cuya supresión está ya decidida) y el paso de parada, o paso del ganso, ejecutado por aquellos hombre nerviosos y musculosos, que parecian obedecer en sus movimientos a poderosos resortes interiores. La belleza fisica del conjunto era impresionante, a pesar del inevitable ridiculo de aquel paso, totalmente automático. Los uniformes de los oficiales reflejaban los rayos del sol. De repente sentí como la visión de nuestros soldados, tal y como yo los vi en 1917 bajando del fuerte de Douaumont, y escribí, para mi fuero interno, una parafrasis de la célebre pieza *Los dos cortejos*. Pero yo sabia con qué valor se habia batido el ejército chileno en el Perú, y le admiraba sin reserva. Asi se lo dije al Presidente Alessandri, que pareció agradecerlo y que añadió : « Y esos hombres no llevan mas que cuatro meses de instrucción militar : ! tanto puede el araucano mezclado con el español ! ».

En efecto el *roto* chileno nace soldado, y por instinto no seria otra cosa [1].

No he olvidado aquella pequeña lección de etnologia de un hombre que alardea de ser discipulo de Gustavo Lebon.

Hoy apenas llegan a cien mil los araucanos de pura raza, pues desaparecen rápidamente bajo la influencia del alcoholismo. Los indios de constitución mas debil que habitaban al norte de Santiago, se han reducido a la minima expresión, fundiéndose todos con los españoles.

Conviene advertir que a estos mestizos no se los excluye de lo que llaman « la sociedad » cuando penetran en ella por su educación, por sus grados militares, o por sus funciones civiles.

1. El *roto*, literalmente el harapiento, el pobre diablo, es el hombre del pueblo, que vegetó largo tiempo, perezoso y miserable en los arrabales de las ciudades o en las últimas aldeas.

Sin embargo, la alta sociedad chilena, trescientas o cuatrocientas familias en junto, es de raza blanca y de sangre española, o para hablar con mas propiedad, vasco-española, conservada allì mas pura que en otras partes, por las razones antedichas. Las mujeres pasan por ser las mas hermosas de todas las sud-americanas. Nadie podria hablar de ellas con mas abundancia ni mejor gusto que lo hizo tiempos atrás en el *Correspondant* el Principe Luis de Orléans y Braganza.

Chile debe tambien una parte de su aristocracia a Inglaterra y a Irlanda como lo revelan los apellidos de muchos personages célebres, O'Higgins, Walker, Edwards, Budge, Golborne, Mac Clure, O'Ryan, Mac Kenner, etc, etc.

En la psicologia del chileno de clase elevada, se prodrian, sin gran esfuerzo, descubrir algunos rasgos de la británica.

En una población total de 3.853.000 (en 1° de Agosto de 1923) los blancos figuran por un 35 %, los mestizos pasan de un 60 % y los indigenas ascienden a un 3 %. Hay ademas 2.500 amarillos, aproximadamente.

Entre los blancos se contaban, a la fecha del último empadronamiento, 112.000 extranjeros, a saber : 24.775 españoles, 15.997 bolivianos, 12.052 peruanos, 11.535 italianos, 8.551 alemanes, 7.047 argentinos, 6.925 franceses, 6.897 ingleses, 5.419 turcos o siriacos, 3.950 austriacos, 1.896 yankees, 1.628 suizos, 1.570 rusos, 686 ecuatorianos, 519 griegos, 507 holandeses, 368 belgas, 369 uruguayos, 385 portugueses, 294 brasileños, 294 balcànicos, 181 mejicanos, 109 cubanos, 69 canadienses, 66 centro-americanos, 60 australianos, 56 paraguayos, 48 panamenses, 39 venezolanos, 26 egipcios, 22 sud-africanos, y 4 luxemburgueses.

Entre los no-blancos hay que contar 1.876 chinos, 577 japoneses, un siamés y un haitiano.

El nùmero de extranjeros ha disminuido desde la guerra, bajando de 140.000 aproximadante a 115.762. Los franceses, que pasaban de 10.000 no son hoy mas que 6.925.

Es verdad que los extranjeros se transforman con gran facilidad en chilenos. Son chilenos : 1° todos los nacidos en Chile : 2° los hijos de padre y madre chilenos nacidos en territorio extranjero, por el solo hecho de que se establezcan en Chile ; 3° los extranjeros que despues de un año de residencia reciben una carta confiriendoles el derecho de ciudadania, o por favor especial del Congreso una carta de naturalización. Si esta estadïstica la hicieran franceses, y con arreglo a la legislación de nuestro pais, el número de franceses seria mucho mayor.

La población de Chile aumenta con bastante rapidez, pues en 1850 no pasaba de 1.310.000 habitantes. Hoy se halla, sobre todo, agrupada en el centro del pais, entre La Serena al norte y Concepcion al sur. Sin embargo, desde algunos años las seis provincias situadas al sur de Concepción, han tomado bastante desarrollo porque lo mas fuerte de la inmigración extranjera va hacia aquella parte, mientras que las provincias del norte permanecen, por el contrario, estacionarias, no componiendose apenas su población mas que de los obreros que trabajan en las minas, en los yacimientos de nitratos o en los puertos, de sus proveedores y de los funcionarios de la administración.

La superficie de Chile (execeptuando las apartadas islas del Pacifico) es de 756.990 kilómetros cuadrados — alrededor de 240.000 mas que la de Francia — y la densidad de la población es, por término medio, de 5, 1 habitantes por kilómetro cuadrado. En toda la América del Sur sólo el Uruguay tiene una densidad superior, 7 habitantes por kilómetro cuadrado. La Argentina y el Brasil no pasan de 3. La población chilena podria ser aun mas numerosa, pero por una parte la mortalidad infantil es muy elevada, y por otra las condiciones de la vida que se impone a los obreros han sido tan duras largo tiempo que muchos preferian emigrar a las repúblicas vecinas, en el momento mismo en que los gobiernos andaban escogitando los medios de atraer mas extranjeros. Hoy la situación ha mejorado, pero urge que la higiene realice sérios progresos, si se quiere que la población crezca en proporciones normales.

Tal es el chileno, nuestro hermano latino por su lengua española, aunque menos cerca de nosotros que el argentino o el uruguayo.

CAPITULO III

La cultura y la enseñanza

El segundo lazo de nuestra fraternidad latina es la cultura, la cúal depende en gran parte de la enseñanza.

Antes de tocar a este tema, ni a ningun otro, conviene que acotemos el terreno, plantando algunos puntos de mira para recordar a los lectores franceses que, como todas las repúblicas españolas de la América del Sur, Chile ha vivido cerca de tres siglos bajo el régimen colonial ; que su conquistador principal fué un compañero de Fernando Pizarro, Valdivia, fundador de Santiago en 1541 ; que durante aquel largo periodo colonial se constituyeron la raza y las costumbres tradicionales ; que Chile se sublevó en 1810 asi como las otras colonias ; que el 18 de septiembre de aquel año, una Asamblea de 300 notables, convocados por un presidente provisional, Toro y Sambuco, designó un comité de gobierno nacional, la « Junta Gubernativa », y que en Julio de 1811 un congreso de diputados, nombrados por elección, dotó al pais de una constitución. Pero en 1814 la metrópoli reconquistó a Chile, que se habia dividido por disensiones intestinas, pero no supo o no pudo adoptar las medidas necesarias para conservarle. Los principales partidarios de la independencia se habian refugiado en la república Argentina, siendo el mas popular entre ellos, y el mas emprendedor Don Bernardo O'Higgins, hijo del Virrey irlandes Don Ambrosio. Don Bernardo, llamado a convertirse en el héroe de Chile independiente, se puso, así como sus amigos, de acuerdo con el héroe argentino, el General San Martín, que por sur parte temía que los españoles se sirvieran de Chile como de una base para reconquistar el Plata. En Enero de 1817, San Martín transpasó los Andes con 3.500 hombres. Vencedor en Chacabuco entró en Santiago, donde O'Higgins, puesto a la cabeza del Estado, proclamó el 1° de Enero de 1818 la independencia de Chile. El ejército español, enviado desde el Perú, fué derrotado por San Martín en Maipú (5 Abril 1818) victoria decisiva que permitió a los aliados argentinos y chilenos marchar sobre el Perú y libertarle de la dominación española.

Durante seis años la vida de O'Higgins se confunde con la historia política y militar de su país. Historia terriblemente agitada, que termina en 1823, con la abdicación de O'Higgins, la subida al poder de los liberales y el voto de una constitución ultra democrática.

En 1830, derribados los liberales por los conservadores, estos despues de algunas medidas violentas contra sus adversarios, reunieron una Convención nacional, que elaboró la famosa constitución de 1833, vigente aun hoy dia, salvo algunas modificaciones.

A partir de aquel momento pudieron nacer, o desarrollarse con regularidad las diversas instituciones de que voy a tener ocasión de hablar.

Tres veces, durante mi harto breve estancia en Chile, me ha sido permitido ponerme en contacto personal con grandes cuerpos docentes o literarios. He visitado además, aunque imperfectamente, por coincidir mi viaje con las vacaciones, varios colegios, sin haber podido, como hice en la Argentina, penetrar en las clases, ni interrogar por mi mismo a los alumnos. En cambio he tenido el gusto de conversar con los directores y maestros.

El 21 de Septiembre de 1922 tuve el honor de ser recibido en la

Universidad del Estado de Santiago, presentado al cuerpo docente y al público por Monseñor Silva Cotapos, antiguo profesor, hoy Obispo de La Serena, y fuí proclamado miembro honorario de la Facultad de teologia. Despues di una conferencia sobre la *Acción social de los católicos en la Francia contemporánea.* Aun me parece estar viendo la hermoso sala, en forma de teatro, que es el *aula magna* de aquella Universidad, y en la que a duras penas pude entrar, por lo atestada que estaba. Doscientas o trescientas personas, hombres y mujeres, se vieron obligadas a permanecer de pie la hora y media larga que duró la sesión! Y qué auditorio caluroso y vibrante!

Venerable institución es la de esta Universidad, que remonta a 1747, y lleva el nombre de San Felipe, en honor del Rey de España Felipe V. No podria considerársela como un primer paso dado hácia su existencia nacional ?. En efecto, hasta entonces todos los jovenes chilenos que deseaban estudiar o recibir grados académicos, necesitaban ir a Lima, en el Perú, e inscribirse alli en la Universidad de San Marcos. Desde aquélla fecha se les permitió hacer sus estudios en Santiago, y recibir alli la licenciatura en artes y en filosofia, y el doctorado en derecho y en teologia y hasta matricularse, a lo menos para los cursos elementales, en medicina y en matemáticas.

A partir de la independencia la Universidad pareció vetusta, anticuada, demasiado escolástica o téológica. Cuando el pais recobró la calma con la constitución de 1833, principiaron a afluir a Chile maestros extranjeros, españoles, franceses, alemanes, holandeses, belgas. La opinion liberal reclamó, y obtuvo en 1839, la muerte de la Universidad de San Felipe, para reemplazarla por otra de principios mas modernos. Era preciso, decian, abolir un pasado de ignorancia, como en 1810 se habia abolido un pasado de esclavitud. El organizador y primer Rector de la nueva Univesidad, que vió la luz en 1842, fué el sabio filólogo, Andrés Bello, nacido en Venezuela, pero naturalizado chileno, que habia frecuentado las universidades inglesas.

La organización, retocada en 1879, subsiste en nuestros dias, y abarca cinco facultades ; 1° derecho y ciencias politicas ; 2° ciencias fisicas y matemáticas; 3° medicina y farmácia ; 4° filosofia y filologia ; 5° teologia.

La facultad de derecho no se limita a formar abogados : la mitad, a los menos, de sus alumnos, son profesores, periodistas, funcionarios, administradores. La de ciencias fisicas y matemáticas es, en realidad, una escuela de ingenieros, a la verdad muy reputada, y cuyos discipulos han ejecutado hermosos y útiles trabajos. En cuanto a la facultad de teologia, mas bien se reduce a un tribunal de exámenes, pues las clases se cursan todas en el seminario.

Por lo que atañe al espiritu de la institución, continua siendo el mismo, salvo excepciones, que el de los organizadores de 1842. Es decir, que a pesar de la etiqueta que da a la Universidad del Estado la facultad de teologia católica, el libre-pensamiento predomina, y aun a veces se muestra agresivo. No es por lo tanto sorprendente que los católicos hayan deseado tener tambien su Univesidad. Los *liberales*, lo mismo que en Francia, lucharon con todas sus fuerzas para impedir que se les concediese esta libertad, y obtuvieron que a lo menos el Estado conservara el privilegio de ser el único autorizado para colacionar los grados. Sin embargo dejando a los estudiantes de las facultades católicas libres de presentarse, como sus camaradas del Estado, delante de los profesores de las facultades rivales, se les concedió un jurado de Estado independiente y que procedia a los exámenes en los mismos locales de la Universidad católica. De hecho no existe hostilidad ostensible entre ambos establecimientos, y aun en ciertos puntos, el uno completa al otro. El Rector de la Universidad católica forma parte de la facultad de teologia del Estado, y los profesores mantienen frecuentes relaciones. La amabilidad chilena, en esto como en todo, suaviza las asperezas.

En 1889 el activisimo Arzobispo de Santiago Monseñor Casanova, abrió la Universidad católica, cuyos principios fueron bien modestos, y que se contentó para empezar, con dos facultades, la de derecho y ciencias politicas y la de ciencias matemáticas.

Atentos sobre todo, con razón, a asegurar el trabajo y la moralidad, los fundatores y jefes de la Universidad católica, exigieron la asistencia a los cursos, y sometieron a los estudiantes a un reglamento que recordaba al de las clases superiores de un colegio. Para los jóvenes cuyas familias habitaban en provincias se estableció el pensionado universitario de San Juan Evangelista. Por último, se incorporó a la Universidad el externado literario y comercial de San Andrés asi como una escuela industrial.

En 1902 un incendio devoró el edificio donde se habia instalado la naciente Universidad, y entonces se pensó en dar a esta un asilo definitivo, digno de tan gran institución. Un amigo de la Universidad católica, el Sr. Ramon Subercaseaux vino a Lille para formarse una idea de lo que era nuestra Universidad católica francesa del norte y envió al Rector de Santiago un interesante informe. Santiago tomó la cosa a puntillo de honor, y acometio la empresa. Los organizadores recibieron grandes ayudas pues se pusieron a su disposición un monasterio, una propiedad muy extensa, y considerables sumas. A partir de 1902 principió a elevarse el palacio universitario, tan grandioso, tan perfectamente adaptado, tan bien provisto de laboratorios y de instrumentos de trabajo, tal como hoy aparece, siendo uno de los ornatos de Santiago. Dos veces lo he visitado, sin poder contener mi vergüenza ál pensar que en medio siglo la capital de Francia, Paris, este Paris donde hay tantos católicos, no ha sido capaz de hacer, para alojar a su Universidad católica, lo que, en menos de veinte años, ha realizado la capital de Chile. ¡ Ah! La fuerza del ahorro frances! Cierto el ahorro es una virtud, lo concedo; pero su exageración cuantas bellas cosas ha hecho abortar!

En 1893 ya habia la Universidad progresado notablemente, redactando sus reglamentos y elevando a cinco el número de sus facultades: derecho y ciencias politicas; ciencias fisicas y matemáticas; medicina y farmacia; filosofia y bellas letras; arquitectura y bellas artes. Verdad es que la facultad de medicina no pudo vivir, pero se creó en cambio una facultad de agricultura y de industria.

Hoy cuenta : una facultad de derecho; otra de ingenieria civil; reforzada con un curso de sub-ingenieros; otra de arquitectura y otra de agronomia.

Según se ve, la tendencia de la Universidad católica, y lo mismo pudiera decirse de la otra, es inclinarse cada vez mas hácia el lado técnico, para formar prácticos en todas las materias.

El 21 de septiembre fué la fecha designada para recibirme solemnemente y nombrarme miembro honorario del Consejo Superior de la Universidad. El abate Casanueva, Rector, un profesor y despues un estudiante me dirigieron deliciosas arengas a las que contesté lo mejor que pude, aunque zarandeado entre las tres audiencias que acababan de concederme el Presidente de la república, el Ministro de Negocios Extrangeros y el de lo interior y la conferencia que iba a dar enseguida en la Universidad del Estado. Todo lo cual habia sido precedido de un almuerzo de gala en el local de los Hermanos de las Escuelas cristianas, e iba a ser seguido de un banquete aparatoso en casa del antiguo Presidente del Consejo y Embajador Don josé Florencio Valdés, hermano de la venerable dama que me ofrece hospitalidad. Verdad es que no nos sentamos á la mesa mas que a las diez de la noche.

Al dia siguiente, 22, di otra conferencia bajo el patronato de la Universidad católica, sobre las *tendencias de la juventud intelectual de nuestro pais y su regreso hacia el catolicismo.* El Rector, y luego el profesor José Maria Cifuentes, me dispensaron el honor de presentarme al público.

Por fin tuve la alegria de conversar largo tiempo con mi colega de Santiago, el abate Casanueva — ha rehusado todos los titulos honorificos — hombre tan notable por su virtud como por su instrucción y su talento y que goza en Santiago de la mas alta autoridad moral por su reputación de santidad. Está attanto de todo lo que se hace en nuestras Universidades, particularmente en la de Paris. Activo y desinteresado se ha entregado en cuerpo y alma a su obra. Verdad es que se le ha descargado del enorme peso que incumbe al Rector de Paris, el cual es ante todo, Ministro de Negocios Extranjeros y proveedor de fondos, y por lo tanto puede consagrar muchas horas por dia a los estudiantes, con gran provecho para estos.

Mi tercer contacto con los representantes más elevados de la vida intelectual en Santiago, fué con motivo de mi recepción en la Academia chilena que se habia dignado nombrarme miembro honorario [1]. El Arzobispo Monseñor Errazuriz presidia la sesión. Un profesor, miembro de la Academia, el Sr. Barriga, leyó un discurso muy estudiado, que probó su perfecto conocimiento de mi vida y de mis obras. La Academia francesa y su papel : el Oratorio de Francia ; la influencia española sobre nuestro pais en el curso de la historia : tales fueron las tres partes principales de su discurso, al cual contesté, como es natural. Apenas terminada la sesión me transladé al colegio de los Padres de Picpus para dar, en el magnifico teatro de que disponen, una conferencia sobre *La familia francesa.* El Nuncio, tres Obispos, dos Ministros y casi todo el cuerpo diplomático estaban presentes. Esta conferencia, presidida por Monseñor Edwards, auxiliar del Arzobispo, la habia preparado la *Liga de la damas católicas.*

Mucho me habria complacido, si hubiese tenido tiempo, ponerme en relación con otras corporaciones literarias, cientificas y artisticas que contribuyen a dirigir el espiritu público, y que ya desde 1813, habian empezado a constituirse, al soplo de la libertad. Tales son el *Instituto Nacional,* primer gran establecimiento público de enseñanza secundaria, y la *Biblioteca Nacional.* Cerradas brutalmente en 1814 por los españoles vencedores, esas dos casas volvieron a ser abiertas por O'Higgins en 1819. El año 1842 vió nacer la *Sociedad literaria*; el 1850 el *Club del progreso*; el 1859 el *Circulo de los amigos de las letras*; el 1877 la *Academia de Bellas*

1. La Real Academia Española (equivalente a nuestra Academia Francesa) que publica el diccionario de la lengua castellana, ha fomentado desde hace algun tiempo la formacion de Academias correspondientes en los paises hispano-americanos, con objeto de mantener la unidad y la pureza de la lengua española en todos los paises que la hablan. La *Academia correspondiente* de Chile se fundó hará aproximadamente 40 años.

Artes. En 1849 se habia ya fundado la *Academia de pintura*. El *Instituto metereológico*, reorganizado bajo la presidencia de Pedro Montt (1906-1910), goza de merecida fama. El *Observatorio astronómico* de Santiago, que durante algun tiempo no hizo mas que vegetar, pasa hoy por el primero de la América del Sur. A él se debe un mapa del cielo, en la parte que corresponde a Chile y otra carta de las estrellas hasta la 10 magnitud. El *Observatorio sismológico* ha estudiado mejor que ningun otro los movimientos telúricos.

Hago aqui punto, pareciendome haber probado suficientemente que la vida espiritual es en Chile verdaderamente activa. A mantenerla concurren juntamente con los sabios nacionales buen número de sabios extranjeros, atraidos a Santiago, o venidos temporalmente para dar lecciones.

Pero hasta donde se extiende esta vida ?. No cabe temer que sea privilegio de una clase selecta, mas bien restringida ?

El desarrollo de la segunda enseñanza fué mas bien lento. El *Instituto nacional*, fundado en 1813, sirvió de tipo para los Liceos creados posteriormente. En 1922 existian en Chile 42 liceos de niños, con 20.000 alumnos, y 49 de niñas con 15.000 discipulas. Los programas son iguales para los unos y para las otras, y abarcan estas materias : el español, el francés, el inglés, el aleman, matemáticas, ciencias naturales, historia, geografia, filosofia, fisica, quimica y dibujo. El estudio de la religión es obligatorio en todas las clases. La revisión de los programas decretada en 1912 tuvo por objeto introducir los trabajos manuales y dar mas extensión a la educación civica, disminuyendo al mismo tiempo el número de horas de las clases. La duración total de los estudios secundarios es de seis años. El bachillerato, tal como hoy existe, permite a los jóvenes chilenos seguir los cursos de la Universidades extranjeras, a lo menos los que no exigen conocimiento del griego ni del latin.

Cómo y donde se forman los maestros de la enseñanza secundaria ?. En 1890 se fundó una escuela normal con el nombre de *Instituto pedagógico*, única institución del Estado donde hoy se enseña el latin (excepto un curso facultativo en el *Instituto nacional*). El Instituto pedagógico se reservó al principio para muchachos del sexo masculino. Por tolerancia fueron luego admitiendose muchachas, y hoy la proporción de estas comparadas con los varones es de tres contra uno. Los inspectores aseguran que este sistema de educación no ofrece inconvenientes. La causa de este predominio del sexo débil, es que en Chile, lo mismo que en los Estados Unidos, los hombres miran cada vez con mayor repugnancia la enseñanza, por considerarla como carrera poco lucrativa. En los Liceos se admiten extrangeros como maestros. Los que mas abundan son los alemanes, aunque tambien se ven algunos ingleses. La influencia de los métodos alemanes es visible en el Instituto pedagógico, donde la han hecho prevalecer profesores eminentes, como Steffens, Hansen y Lenz.

Al lado de la enseñanza pùblica florece en Chile la enseñanza libre, confiada generalmente a religiosos, Padres franceses, Padres alemanes, jesuitas, Hermanos de las Escuelas Cristianas, Salesianos de Don Bosco. Ya volveremos a encontrarlos cuando tratemos de las Congregaciones francesas en Chile. En los colegios religiosos se reserva todavia un pequeño sitio al latin, que con frecuencia hasta se incluye entre las materias obligatorias. En los seminarios tambien se enseña, y hay sacerdotes que lo saben perfectamente.

Pero a medida que desaparecen los hombres educados segun el antiguo régimen, el conocimiento del latin principia a ser raro, aun entre las gentes cultas, que no sólo ignoran la lengua de Cicerón, sino que por la que atañe a los oficios litúrgicos de la Iglesia se hallan exactamente a igual altura que los hombres del pueblo.

Cual será la influencia en la cultura chilena de esta ignorancia del latin ?. Debemos formular esta pregunta, como lo hicimos para la República Argentina. Se nos contesta que al estudiar el español se aprenden las raices latinas y que por medio de las literaturas española y francesa se remonta hasta la fuente antigua. Cierto pero muy indirectemente, pues las etimologias no nos enseñan el genio de la lengua. Se conoce el árbol por sus frutos.

Sin duda muchos se consolarían de este rebajamiento del nivel superior de las clases selectas con la idea de que en cambio a él corresponde una elevación del nivel de la masa. Lo cual nadie niega.

En 1895 el gran apóstol de la escuela obligatoria, Don Pedro Baunen, podia confirmar desde la tribuna del Senado que Chile era, desde el punto de vista de la instrucción primaria, el pais mas atrasado de América, si se consideraba que en él habia un 72% de individuos que no sabian leer ni escribir. En los primeros años del siglo XX la tribuna, los periódicos y las conferencias consiguieron agitar la opinión en ese sentido y el libro tan elocuente como sencillo del profesor Dario Salas, *Problema nacional*, vino a dar la solución definitiva. Todos los partidos politicos se unieron y el 26 de Agosto de 1920 se promulgó la ley declarando obligatoria la instrucción pública, ley firmada por el Presidente Sanfuentes y por el Ministro Lorenzo Montt. Un reglamento, firmado por el Presidente Alessandri el 21 de Febrero de 1921, determinó su aplicación.

Dicha ley crea un Consejo superior de instrucción primaria y comisiones especiales, y obliga a los padres, bajo la amenaza de sanciones, a enviar sus hijos, de 8 a 13 años, a la escuela pública durante cuatro años. Las ausencias toleradas no pueden, segun la cifra de la poblacion o la distancia de la escuela, exceder de 20 a 40 dias sobre 100. Se permite la enseñanza a domicilio, pero vigilada por inspectores.

Cuando yo llegué a Chile la ley llevaba en vigor diez y ocho meses, y si bien algunas dificultades financieras habian impedido su aplicación integra, ya habia producido resultados, haciendo aumentar en 76.000 unidades la población escolar. Esta habia subido en 1922 a 421.500 alumnos, repartidos entre 3.000 escuelas. El tanto por ciento de los analfabetos habia bajado al 42, y las escuelas de adultos contribuyeron a disminuirle.

Para formar a los maestros hay quince escuelas normales primarias, seis de hombres y nueve de mujeres. La primera de ellas la fundó en 1842 el ilustre pedagogo argentino Sarmiento, refugiado en Chile durante la « tirania » de Rosas.

La educación cívica y moral y los trabajos manuales ocupan gran lugar en las escuelas primarias y en la normal. La enseñanza del inglés ha sustituido a la del francés en la mayora de las escuelas normales de mujeres.

En estos últimos años se han verificado grandes progesos, pero ni la enseñanza primaria, ni la técnica, tan desarrollada bajo la forma de numerosas escuelas industriales y agricolas, bastarán para mantener en Chile la alta cultura intelectual a la que tendria derecho a espirar.

Desde la época colonial la vida del espiritu se ha manifestado por multitud de obras teológicas, filosoficas, juridicas, filologicas, históricas. Chile ha producido historiadores, oradores, humanistas distinguidos. Varios Padres de la Compañia de Jesús, consagrados a las misiones, han dejado excelentes descripciones del pais y estudios originales sobre los indigenas, sus costumbres y sus lenguas. De los siete mil manuscritos que encierra la *Biblioteca Nacional* de Santiago muchos se refieren a la historia antigua de América, y están aun inéditos.

Despues de la proclamación de la independencia los admirables trabajos del francés Claudio Gay y del aleman Rodolfo-Amando Philippi han acabado de dar a conocer, en el mismo orden de ideas, la geografia, la flora, la fauna y los riquezas naturales de Chile.

Las ciencias religiosas no han carecido en ninguna época de ilustres representantes. Cómo no citar los nombres tan respetados de Monseñor Rafael Fernandez Concha, de Monseñor Carlos Silva Cotapos, de Monseñor Gilberto Fuensalida, el eminente pedagogo, de Monseñor Crescente Errazuriz?. Y cuantos otros, religiosos y seglares, podria añadir a esta lista demasiado corta !.

« Los chilenos nacen historiadores como los italianos nacen músicos » ha escrito el gran critico español Menendez Pelayo. La exactitud de esta afirmación, comprobada ya desde el siglo XVI y el XVII, lo ha sido mas aun en el XIX y hasta nuestros dias. Diego Barros Araña, muerto en 1907 no ha consagrado menos de diez y seis volúmenes a la *Historia General de Chile, desde los tiempos mas remotos hasta 1833*, continuada por una *Historia de diez años* (1841 51), que expone la administración del Presidente Manuel Bulnes. Un sabio de los mas sérios y de los mas metódicos Ramon Sotomayor Valdés (muerto en 1904) ha trazado la historia de la república bajo el gobierno de Prieto (1831-1841). Benjamin Vicuña Makenna (muerto en 1886) ha multiplicado las disertaciones y los libros sobre el periodo contemporàneo. Casi tan abundante como él, pero mas profundo Miguel Luis Amunátegui (muerto en 1888) ha illustrado su nombre con cuatro grandes obras : *La dictadura de O'Higgins. El descubrimiento y la conquista de Chile. La Crónica de 1810*, y *Los precursores de la independencia de Chile.*

Entre nuestros contemporaneos inmediatos surgen en primera linea José Toribio Medina con su *Historia de los aborigenes de Chile* y su *Diccionario biográfico colonial*, y el Arzobispo de Santiago, Monseñor Errazuríz con tres obras capitales : *Seis años de la historia de* Chile 1598-1605), *Historia de la conquista de Chile, Historia de la Iglesia chilena;* Gonzalez Bulnes hijo del Presidente Manuel, con su *Historia de la campaña libertadora del Perú*, etc, etc.

Numerosos son los autores que han tratado del derecho público y del privado. Se me perdonarà que no mencione mas que los tratados verdaderamente clásicos de Nicolas Pradel y Jorge Huneuus Zeggers.

En la primera mitad del siglo XIX lucharon en Chile, como en Europa, las dos escuelas literarias de clásicos y romànticos capitaneados los primeros por Andrés Bello, el filologo y humanista, y agrupados los segundos en torno de los argentinos refugiados Mora y Lastarria.

Se ha desarrollado tambien toda una literatura criolla, en la que han sobresalido maestros como Joaquin Garcés y Luis Orrego Luco, autores inolvidables el uno de las *Páginas chilenas* y el otro de los *Episodios nacionales.* Cuantos otros autores dramáticos y novelistas continuan en nuestros dias la hermosa tradición de Blest Gana, de Rodriguez Mendoza, de A. Espineira, de Antonio Orego Barros, cuyas obras vibran de amor a la patria y a la libertad !.

Chile pasa por el menos rico en poetas de valor de todos los otros paises americanos donde los ardores de la zona tropical inflaman mas facilmente las imaginaciones. Puede, sin embargo, vanagloriarse de algunos liricos, cuyos versos apreciados con justicia en Chile, lo serian igualmente entre nosotros, si nuestros criticos y literatos pudieran leerlos en su lengua original.

Suscitada por las obras de pintores y escultores chilenos asi como por las exposiciones anuales que se suceden desde 1882, tambien la critica de arte da pruebas de gusto seguro y afinado en las personas de Rafael Errazuriz y de Ramón Subercaseaux.

Por último, la gran prensa de Chile ha observado siempre notable corrección literaria. Durante los sesenta años que siguieron a la proclamación de la independencia. triunfó, lo mismo que en la Europa occidental, la prensa doctrinaria, librándose ardientes combates entre los partidos y las ideas. Casi todos los escritores, casi todos los hombres politicos conocidos, fueron, en algun momento de su vida, periodistas. Gloria efimera, sin duda, en todos los paises la del redactor de articulos diarios, pero a lo menos dos nombres han sobrevivido a aquella época, el de Benjamin Vicuña Makenna y el de Zorobabel Rodriguez.

Despues, bajo el influjo de la vida de negocios, que cada dià iba predominando mas, siguiendo el ejemplo de los Estados Unidos, la revolución, que ya ha transformado la prensa francesa, hizo el mismo trabajo al pié de los Andes y cada dia mas la prensa de información, rica en despachos y en ilustraciones, fué ocupando el sitio de la otra, sin beneficio para la literatura, que se refugió en las Revistas semanales o quincenales, bastante numerosas en Chile.

Aunque un tanto perdidos entre el fàrrago de noticias y de anuncios, aun se leen hoy, mañana y tarde excelentes articulos en los diarios de Santiago y de Valparaiso, únicos con los que he tomado personalmente contacto. Estos pariódicos tienen a la verdad buena apariencia. El *Mercurio* fundado en Valparaiso en 1827, y en Santiago en 1900, no tira menos de cinco ediciones diarias, de 36 ó 22 páginas, dos en Santiago, una en Valparaiso una en Antofagasta, una en Valdivia. En Santiago la tirada es de 30.000 ejemplares y en el periódico colaboran los escritores mas distinguidos. Su instalación, muy-moderna, no deja nada que desear. La *Union*, diário católico, cuyo centro principal está en Valparaiso, se fundó en 1885: tirada 35.000 ejemplares, con 12 páginas. El *Diário Ilustrado* (1901) tira 50.000 sólo para Santiago, con 12, 16 y a veces hasta 36 páginas. Posee un buen cuerpo de redactores y está muy bien impreso y ricamente ilustrado. Mucho mas jóven es *La Nacion*, que apareció en Santiago, en 1917, y que contiene 16, 20 y aun 32 páginas.

Durante mi estancia en Santiago tuve el honor de entregar á uno de los mas brillantes periodistas chilenos, Dón Rafael Luis Gumucio, hijo de otro periodista eminente, que dirigió *La Union*, la Cruz de oro « *Pro Ecclesia et Pontifice* ». El acto tuvo lugar en el palacio de la Nunciatura, pues el representante de Su Santidad, Aloisi Masella me dijo que, como buen servidor de la Iglesia y de la Patria era yo el mas indicado para condecorar aquel en cuya persona Pio XI premiaba los mismos servicios. Mucho agradecí aquella distinción.

No parece imposible que un pais que posee estos antecedentes literarios renuncie totalmente a la cultura clásica ? Simple viajero de paso, me atrevo a dirigirle la misma adjuración que a la Argentina y al Uruguay.

CAPITULO IV

La Religion : el catolicismo social.

Como España, como Francia, como Italia, Chile es católico. Mas todavia: es, oficialmente, sólo católico, pues la constitución no reconoce mas religión que la nuestra, ni permite el ejercicio público de ningun otro culto. Una ley de Julio de 1865, autoriza, sin embargo, la celebración de otros cultos, en casas privadas. De hecho la tolerancia es completa, y en muchas ciudades se ha permitido construir templos protestantes al lado de iglesias católicas. Actualmente hay emprendida una campaña, y se están preparando proyectos de ley para obtener que el Estado chileno se declare neutral, o a-religioso.

En 1922 se evalúaban en 64.000 todos los disidentes que habitan Chile, de ellos 37.000 chilenos y 27.000 extranjeros. De los 37.000 chilenos, 24.000 son indios, que todavia no han salido del paganismo, a pesar de los esfuerzos de los misioneros. Un poco mas de 2.000 individuos han declarado no profesar ninguna religion.

Las diócesis chilenas no son menos extensas que las argentinas, ni puede ser de otro modo ya que en este pais, un tercio mas extenso que Francia, hay sólo cuatro: Santiago, La Serena, Concepción y Ancud, ademas de los dos vicariatos apostólicos de Tarapaca y de Antofagasta en las provincias anexionadas el año 1879. Añádase que un *Episcopus Castrensis* (Obispo de los campamentos) ejerce su jurisdicción sobre el ejército, la marina y las organizaciones oficiales en las provincias peruanas de Tacna y Arica, ocupadas por Chile, situación parecida a la de nuestro Monseñor Rémond en Renania.

Una feliz coincidencia me permitió encontrarme en Santiago con todos los Obispos de Chile, reunidos allí para asistir al Congreso Eucaristico. Los cuatro son hombres distinguidísimos y de vasta instrucción. Ya me lo habian dicho en Buenos Aires, y vi que estaban a la altura de su reputación.

El primero de ellos es el Arzobispo de Santiago, Monseñor Crescente Errazuriz Valdivieso, anciano lleno de ingénio y de vigor. Nacido en Santiago en 1839, sacerdote desde 1863, celebró el año antepasado sus bodas de diamante sacerdotales. Perteneció de 1884 a 1910 a la orden de Predicadores, de la que salió por una secularización en regla. Siempre fué gran trabajador y ya cuando era profesor de filosofia en el seminario fundó la *Revista Católica* en 1863, y despues en 1874, *El Estandarte Católico*. Ya he dicho mas arriba qué rango precisamente ocupa en punto a estudios históricos. Miembro de una de las familias mas ilustres de Chile, fué designado, a pesar de su avanzada edad, en 1918, para la Sede metropolitana de Santiago. Durante toda la guerra se mostró ardiente francófilo, y el gobierno francés le demostró su gratitud enviándole la corbata de Comendador de la Legión de honor. Hombre de estudios igualmente el Obispo de La Serena, Monseñor Silva Cotapos, discipulo de los Padres franceses de Santiago, Doctor en Derecho civil, profesor del gran seminario, y despues de la Universidad Católica, y miembro de la Facultad de Teologia del Estado; el Obispo de Concepción es Monseñor Fuensalida Guzman, doctor en teologia de Roma, profesor, y despues Rector del seminario de Santiago, miembro del Consejo Superior de Instrucción pública, decano de la Facultad de Teologia; el Obispo de Ancud, Monseñor Castro y Alvarez, individuo de la Congregación de los Padres de Picpus, Superior del Colegio de Santiago, provincial de Chile y del Perù, y Rector del seminario de Concepción; aquellos tres Obispos elegidos el mismo dia, en Febrero de 1918; por último el *Episcopus castrensis*, Monseñor Edwards Salas, Obispo titular de Dodona, auxiliar de Santiago desde 1921, discipulo del Piolatino de Roma, como Monseñor Fuensalida, filólogo de mérito, nutrido con la lectura de nuestras Revistas francesas.

El 11 de Noviembre 1923, aniversario del armisticio, Monseñor Edwards ofició en la capilla de la gruta de Lourdes, en un arrabal de Santiago. Cinco mil personas se agrupaban en torno suyo. Presidió nuestro ministro, Señor Lefeuvre — Méaulle, acompañado de todo el personal de la Legación, de los representantes de las sociedades francesas y de las autoridades chilenas, civiles y militares. Al Evangelio Monseñor Edwards pronunció con elocuencia impresionante un discurso ensalzando los méritos de la Francia victoriosa, arrastrada à una guerra impia, despues de haber hecho esfuerzos supremos para evitarla, y sacrificandose aun hoy mismo para asegurar la paz europea.

A la salida de la misa el Sr. Lefeuvre-Méaulle entregó al Obispo de Dodona, en nombre del gobierno francés las insignias de oficial de la Legión de honor, dirigiendole las siguientes palabras :

« Lo mismo que el venerable y eminente Arzobispo de Santiago del que es Vuestra Grandeza coadjutor tan distinguido como celoso, venis, Monseñor, de antigua estirpe. Sois, como él, un erudito, un gran trabajador; pero sois, sobre todo, un ferviente sociólogo, un altruista que abarca vastos horizontes, y que va a combatir el mal en sus fuentes. Sucesivamente os hemos visto librar batalla al alcoholismo, a la pornografia, a las habitaciones insalubres, y gracias a vuestra incansable tenacidad, gracias a vuestros circulos de estudios, esos térribles enemigos de la civilización y de la moral, principian a batirse en retirada. En los métodos que empleais hay mucho de estrategia. A nadie puede esto causar asombro, porque en cierto sentido sois soldado, por vuestra calidad de capellan castrense supremo del ejército chileno, a lo cual, sin duda, se debe vuestro marcial aspecto.

« Sois, en toda la acepción de la palabra, un Obispo moderno, un Obispo amigo del obrero y de los desheredados, lo cual, en mi humilde sentir, constituye vuestro mayor titulo de gloria. A todas esas cualidades, añadeis, Monseñor, otra que a los ojos de todos los franceses residentes en Chile, os crea derechos a un lugar preferente. Dotado de envidiable independancia de espiritu, no habeis tardado en conocer, durante el curso de la gran tormenta de qué lado estaba el derecho, y desde que adquiristeis esta conviccion, nuestra causa no tuvo en Chile defensor mas ardiente. No necesito recordar a mis compatriotas que, espontàneamente, solicitaisteis el honor de cantar aqui mismo el *Te Deum* de la victoria, ni necesito tampoco recordarles la magnifica alocución que pronunciassteis aquel dia. Por lo tanto no hallo palabras para deciros la alegria que experimento al verme encargado por mi gobierno de presentaros, delante de los ilustres jefes de vuestro ejército, y de la colonia francesa y belga, el testimonio de su gratitud.

« Presenten armas !!.

« Monseñor, en nombre del Presidente de la república, y en virtud de los poderes que me ha conferido, os nombro oficial de la Legión de honor.

« Descansen armas !!.

Cuando el Ministro de Francia colgó la cruz de honor sobre el pecho del Prelado chileno, dándole el abrazo ritual, toda la asistencia se sintió hondamente conmovida.

De qué modo se nombran los Obispos chilenos ?. Lo mismo que los argentinos, con la sola diferencia de que la *terna*, o lista de tres no la forman los Senadores, sino los Consejeros de Estado. Entre los tres el Presidente de la república escoge al que prefiere, y publica su nombre. Sólo entonces interviene el Papa. Como se ve volvemos al antiguo patronato español. Los inconvenientes de este sistema son evidentes, y ya he tenido ocasión de señalarlos. Podrian evitarse mediante un acuerdo previo con el Nuncio, como se hacia entre nosotros bajo el segundo Imperio y la tercera república, hasta la separación. Aun esto no seria el ideal, pero sobre todo cuando se trata de regiones tan apartadas, ese seria, bien pesado todo, el medio mas práctico de evitar los conflictos, los errores y las elecciones sorprendentes o medianas que, a pesar de la mejor voluntad del mundo, pueden siempre producirse. Y si no se evitan todas las intrigas, a lo menos las locales serán mas fáciles de desbaratar, por ser mas fáciles de conocer.

Suele decirse que en Santiago, lo mismo que en Buenos Aires, las mujeres son omnipotentes para hacer y deshacer las reputaciones eclesiásticas Si el hecho fuese cierto habia que deducir que las chilenas tienen un gusto muy marcado por los sacerdotes hombres de ciencia y de doctrina, pues en esos centros es donde han ido a buscarse todos los Obispos que llevo citados.

En su conjunto el clero de Chile es muy distinguido y de excelente fachada moral, reclutándose casi exclusivamente en la clase superior de la sociedad.

Las vocaciones son muy escasas en la clase media, que se siente más atraida hacia las ocupaciones lucrativas, y en el pueblo, cuyo nivel religioso y moral es muy bajo. Segun testimonio de los superiores de los seminarios de Santiago y de Valparaiso, asi como de Monseñor Gimpert, gobernador eclesiástico de esta última ciudad, sólo el diez por ciento de los alumnos admitidos en el seminario menor llegan hasta sacerdotes. De donde resulta una insuficiencia deplorable, no en cuanto a la calidad, pero si en cuanto al número, del clero parroquial. El inmenso Chile no cuenta mas que con cuatrocientas parroquias. El número de iglesias es de 1.188 y el de conventos de 351. En el curso del último Congreso Eucaristico de Santiago, el abate Cifuentes, en un discurso tan patético como documentado, hizo notar esta dolorosa penuria de vocaciones.

A primera vista la sociedad de Santiago me ha parecido mas profundamente cristiana que la de Buenos Aires. No sólo las iglesias están llenas de fieles, sino que entre las familias que me han recibido, las hay que merecen el nombre de patriarcales, y cuyo lenguaje, asi como su conducta, revelan la fe mas acrisolada.

Con qué veneración me incliné delante del que los católicos llaman con tanta razon su « patriarca » el Sr. Abdon Cifuentes !.

Cuando yo llegué a la gran capital chilena esta se hallaba todavia bajo la impresión de las grandiosas manifestaciones del Congreso Eucaristico. Este, anunciado por el Arzobispo desde 1920, se habia preparado con cuidado minucioso en todo el pais, con una cruzada de oraciones a San Miguel, predicaciones y sesiones literarias consagradas enteramente a la Eucaristia. Con el concurso de la masa popular se contaba desde luego, pero hubo además el del gobierno, por ocupar el poder un ministerio católico.

El 3 de Septiembre de 1922, ante-vispera del Congreso, tuvo lugar una comunión general de 28.000 niños y niñas, para atraer las bendiciones del cielo sobre la próxima asamblea. Del 6 al 10 de Septiembre se sucedieron oficios solemnes, sesiones de estudios, sesiones de gala, misas de comunión y veladas santas. El último dia todos los ministros, la mayor parte de los senadores y diputados, magistrados del Tribunal Supremo, los Generales, y el conjunto de las administraciones asistieron a la misa pontificia, en la que se oyó un elocuente sermón sobre el reinado de Jesucristo. Cuatro de los ministros, entre ellos el Presidente del Consejo, Sr. Huneuus, comulgaron públicamente.

La procesión de la tarde fué tan magnifica que muchos librepensadores y radicales no pudieron disimular la emoción que les embargaba.

En filas muy apretadas, de ocho personas de frente, desfiló el cortejo, que ocupaba una carrera de tres kilómetros, y en el que tomaban parte todas las clases sociales. El Santisimo Sacramento colocado en un carro de plata cubierto de flores y de luces eléctricas, y tirado por sesenta jóvenes, pasaba entre las casas ricamente empavesadas. Desde el altar el Arzobispo dió la benedición a mas de doscientas mil personas, elevandose vivas y ovaciones sin fin del fondo de la immensa multitud que entonaba con todo el alma el hermoso cántico del Congreso eucaristico de Madrid : « *Cantemos el amor de los amores* ».

Semejante manifestación, y todo lo que se habia preparado, no podia menos de dejar huellas duraderas y de acelerar el despertar de la vida católica que, en Chile como en otras partes, se observa sobre todo en las clases mas altas y mas cultivadas. Algunos se quejan de que la religión, en la clase popular, es todavia harto grosera, y mezclada de supersticiones. Las misiones de Recoletos, Capuchinos y Salesianos trabajan para evangelizar las regiones, poco civilizadas todavia, del Chile meridional.

Es necesario decir que, a pesar de esos progresos, el catolicismo es aun vivamente combatido, en los centros intelectuales, por corrientes contrarias del libre pensamiento, del racionalismo y del positivismo. Esta última doctrina cuenta con un apóstol convencido y ferviente en la persona del Sr. Enrique Lagarrigue, adepto de la *Religión de la humanidad.*

Si bien la religión católica conserva el titulo de religión del Estado, ha atravesado sin embargo en Chile (aunque no tanto como en la Argentina y el Uruguay) horas penosas.

En el momento de la guerra de la Independencia el clero y las órdenes religiosas se habian dividido. El Obispo de Santiago, ardiente patriota, fué elegido vice-presidente de la *Junta Gubernativa* de 1810. En 1812 Caveras abolió el acto de unión entre la Iglesia y el Estado, que se restableció en 1818. Pero la negativa de la Santa Sede a erigir Santiago en Arzobispado independiente de Lima reanimó la lucha.

De 1822 a 1824, bajo el gobierno de los *pipiolos*, o liberales, se suprimieron gran número de congregaciones religiosas, y el Estado confiscó los bienes de la Iglesia, si bien señalando al clero emolumentos, que hoy se elevan a mas de dos millones de pesos.

Las pretensiones regalistas del autoritario Presidente Manuel Montt (1851-1861) se estrellaron contra la firmeza del gran Arzobispo Valentin Valdivieso. Cuando el Presidente le obligó a desterrarse la ciudad entera se opuso a su partida, y el gobierno cedió.

De 1861 a 1876, bajo la influencia del positivismo francés e inglés, en tiempo de los Presidentes Perez y Errazuriz Zañartu, los partidos avanzados emprendieron una campaña ardiente en favor de la libertad de cultos y de la abolición del articulo de la Constitución proclamando al catolicismo religión del Estado. Los debates, apasionadisimos, obtuvieron la tolerancia de los cultos disidentes, por via de interpretación legal. Todas las leyes que se rozaban con la Iglesia o sus ministros promovian en el parlamento las mas violentas discusiones.

La lucha llegó a su periodo álgido bajo la presidencia de Santa Maria (1881-1886), teniendo por punto de partida un conflicto con la Santa Sede a propósito del nombramiento de un Arzobispo de Santiago, conflicto que en 1884 se terminó por un arreglo relativo a la provisión de las Sedes vacantes. Pero ya se habia intentado un gran esfuerzo para secularizar algunas instituciones, el matrimonio, el estado civil y los cementerios. El matrimonio civil se declaró ùnico legal, pero sin que la ley exigiera que precediese al religioso. El año anterior se habian sometido los tribunales eclesiásticos a la inspección de la autoridad civil. Por último se preparaba la separación de la Iglesia y del Estado, y el Nuncio tuvo que abandonar el pais.

La opinión pública estaba profundamente agitada y, como en Francia, el resultado de esas luchas fué identificar el partido conservador con el católico. Bajo la dirección del Vicario General, Monseñor Larrain Gandarillas, Arzobispo titular de Anazarba, los mas valientes formaron una *Union católica*, cuyos miembros, sea en el Congreso, sea en la prensa, sea en la enseñanza, se constituyeron en enérgicos defensores de la Iglesia [1].

En el mes de Mayo de 1887 un diputado de Linares habia en un odioso requisitorio contra la Iglesia recogido todos los lugares comunes que ruedan por el suelo al alcance de los sectarios de todos los paises.

Por fortuna se hallaba en la Cámara un hombre que habia dicho un dia desde la tribuna : ! « Miro como un deber que en cuanto

1. Debemos citar los nombres de Abdon Cifuntes, Domingo y Pedro Fernandez Concha, Carlos Walker Martinez, Tocornal, Fabres, Vial, Ossa, Barriga, Richard, Risopatron, etc, etc,.

este recinto se emita un error que raye en la blasfemia haya una voz que se eleve para contradecirle y vengar a la verdad, a fin de que al menos en la balanza eterna donde se pesan las acciones de los hombres y de los pueblos se establezca una especie de compensación, y que el platillo de la justicia no se deje arrastrar por el de la misericordia [1] ».

Aquel hombre se llamaba Carlos Walker Martinez. En una réplica maravillosa, donde los argumentos, los ejemplos, los nombres, se precipitaban como un torrente impetuoso, trituró completamente a su adversario. El público de las tribunas aplaudia, trepidante de admiración, hasta el punto de que el presidente tuvo que hacer evacuar el local.

La hora del peligro se alejó habiendo Balmaceda, el nuevo presidente de la república, elegido en 1886, comprendido que aún era tiempo de restablecer la paz, por lo cual no insistió en obtener el voto de las medidas que estaban en suspenso, y dejó dormir todos los proyectos de separación de la Iglesia y el Estado.

Desde entonces, sin renunciar a sus ideas los radicales y los liberales, reinó la tranquilidad. En la audiencia que se dignó concederme el Presidente Alessandri me dijo : « Me han elegido los partidos mas avanzados, y, segun puede atestiguar el mismo Arzobispo, nunca ha estado la Iglesia mas libre y mejor tratada que bajo mi gobierno, y la prueba está en las jornadas del Congreso eucaristico que acaba de celebrarse. » Y el presidente añadió, con cierta malicia : « Me causa asombro que en Francia confundais con tanta frecuencia la religion con la politica, cuando son dos cosas tan diferentes ».

Excepto pasajeras rupturas, Chile ha mantenido siempre relaciones diplomáticas con la Santa Sede. Hasta fines de 1916 Santiago no tuvo mas que un *internuncio*, sustituido, a partir de 1917, por un nuncio de segunda clase. Hoy hay alli como titular Monseñor Aloisi Masella, Arzobispo de Cesárea, hombre inteligente

1. Citado por Fernandez Pradel : *Chile despues de cien años de independencia*, p. 176-181.

y cortés, cuya afable acogida contribuyó a hacer todavia mas agradable mi estancia en aquella hermosa y animada capital.

La Iglesia chilena ha tomado siempre gran parte en el desarrollo del pais. Durante el periodo colonial los jesuitas fueron los principales instrumentos de aquella acción, educando a las clases superiores, trabajando por convertir y moralizar a los indigenas y hasta contribuyendo, con la introducción de nuevas industrias, al progreso material. A su lado ejercieron influencia no menos benéfica los hijos de San Francisco, admirables misioneros, y unidos todos protegieron cuanto les fué posible a los indios contra la brutalidad de sus amos los conquistadores.

En nuestros dias, independientemente del ministerio parroquial y de las misiones entre los indigenas la Iglesia participa ampliamente en la educación y en la enseñanza. Por último, justamente alarmada por la evolución democrática del pais y por las revindicaciones de la clase obrera, ha dado impulso recientemente a un movimiento de catolicismo social análogo al de la Argentina, aunque aspirando menos, a lo que parece, a englobar todas las otras obras.

Este movimiento, preparado en Santiago, como en Buenos Aires, por la bienhechora actividad de los católicos [1], lo inauguró el precursor inmediato del actual Arzobispo, Monseñor Ignacio Gonzalez Eyzaguirre, que gobernó la diócesis desde 1908 hasta 1918. Muchas de sus Pastorales pueden considerarse como excelentes tratados de sociologia cristiana, que le han merecido el honroso titulo de « apostol de los obreros ».

A partir del Congreso de 1910 se constituyó la *Federacion nacional de las obras sociales católicas*, cuyo centro está en Santiago, donde posee un magnifico edificio. Su actividad, que se extiende a todo Chile, se ha manifestado con la creación de un secretariado general, de una Bolsa del trabajo y de un secretariado popular. Propónese elevar el nivel moral del pueblo, hacerle económico y previsor, asegurarle habitaciones higiénicas y defen-

1. *Sobre la beneficencia católica en Chile*, Fernandez Pradel.

derle contra las plagas de que sufre, entre otras el alcoholismo.

Una cátedra de *Economia social* fundada en la Universidad católica, y en la que se ha distinguido el profesor Echeverria, orienta a la juventud hacia el catolicismo social y denuncia el peligro socialista, que tan largo tiempo se obstinaron en negar los partidos turnantes. Sin embargo, las sangrientes huelgas de Iquique, de Valparaiso y de Santiago, pusieron de manifiesto su realidad. Imitando a la Universidad católica los seminarios de Santiago y de Concepción han creado cada uno una cátedra de sociologia.

Ademas de las *mutuales católicas*, la Federación nacional comprende los centros de la *Unión nacional*, a la que están afiliados 50.000 obreros, y las *Sociedades de San José*, que cuentan con 20.000 adherentes. Esas sociedades ofrecen a sus miembros socorros en caso de enfermedad o de paro, escuelas, circulos, cinemas y teatros. Uno de estos, el de la calle Arturo Prat, en Santiago, puede contener, a lo que se me asegura, 20.000 espectadores.

Cuéntanse además en la mayor parte de las ciudades de Chile *Ligas del trabajo, Circulos de obreros* y *Sindicatos cristianos*.

Los *Oratorios Salesianos* (*Oratorios festivos*) preparan a la juventud a entrar en esas organizaciones, y la preservan de las malas influencias. No hay que olvidar la importancia, en este concepto, de los diez *patronatos* de Santiago.

La *Federación*, con sus *juntas* de dirección (national, diocesanas, provinciales y parroquiales) se subdividen en las seis secciones siguientes : obras religiosas, obras de propaganda, obras de educación, obras de beneficencia, obras sociales y obras esportivas.

Al lado de ella funciona en Santiago un segundo organismo, con el nombre de *Centro nacional de cultura*, destinado a dar a la propaganda una dirección doctrinal mediante las semanas sociales, los circulos de estudios, la escuela de los propagandistas, las publicaciones y las informaciones bibliográficas.

El alma de este movimiento social católico es hoy, segun ya hemos dado a entender anteriormente Monseñor Edwards Salas, que en nombre de la *Unión social de los catolicos chilenos* lanzó en Noviembre de 1921 dos folletos programas, intitulado el uno: *Organicemos sindicatos cristianos*!! que se leyó en el Congreso de los Terciarios franciscanos, y el otro: *Ideas directivas para la acción social católica*. Este segundo tiene caràcter casi oficial, pues Monseñor Edwards lo leyó en la conferencia episcopal, que lo aprobó.

La Unión social publica un Boletin, *La Acción*, asi como tractos y carteles muy sencillos y muy accesibles a la masa.

El catolicismo social choca naturalmente, en Chile como en todas partes, con dos categorias de adversarios, los socialistas, que vén en él una peligrosa concurrencia, y algunos conservadores para los cuales el pueblo, la pobre masa de los *rotos* es de una inferioridad intelectual tan marcada, que las enseñanzas de los sindicatos cristianos pueden serles tan perjudiciales como las otras.

En mi humilde opinión esos ultra-conservadores se equivocan, aunque no sea mas que si se atiende a la evolución general politica que se manifiesta en Chile y cuya caracteristica es el acceso a la influencia, por de pronto, y mas adelante al poder, de la clase popular, con la que hasta ahora no se habia contado apenas para nada.

CAPITULO V

El Parlamentarismo y la Evolucion Politica en Chile.

El Advenimiento de la Democracia y la Crisis presente.

Una de las analogias más salientes entre Chile y nuestros paises de la Europa occidental y meridional, es, sin duda alguna, el funcionamiento del régimen parlamentario, muy diferente del de casi todas las otras repúblicas sud-americanas, y más parecido al nuestro. Tiene las mismas ventajas, pocos movimientos revolucionarios, pocos pronunciamientos, responsabilidad politica de los hombres de Estado, y los mismos inconvenientes, instabilidad ministerial llevada hasta el último extremo, lentitud y dificultad para conducir a feliz remate los proyectos más útiles. La mayor parte de los politicos chilenos se declaran muy orgullosos de su régimen constitucional, pero en la intimidad se burlan, o se lamentan, tanto por lo menos como nosotros, de sus incesantes cambios de ministerios.

Chile es hoy una república unitaria, parlamentaria y democrática, pero no ha realizado por completo esta forma de gobierno más que en tres etapas.

Las ideas que presidieron a sus primeros conatos de organización nacional y politica fueron las mismas que las de los otras repúblicas sud-americanas, singularmente las de la Argentina, o por mejor decir, se inspiraron en los ejemplos de los Estados

Unidos del Norte o de la Revolución francesa. Difundidas al principio clandestinamente por libros y por escritos periódicos fueron luego formuladas por hombres de valer, como Martinez de Rozas y Camilo Henriquez y conquistaron entre los criollos, y aun entre los españoles, numerosos adeptos.

Las graves dificultades de los principios procedieron del choque entre las tradiciones de gobierno absoluto que conservaba Chile, como las otras provincias españolas, y las pretensiones ilimitadas, por no decir quiméricas, de los fundadores del nuevo régimen. Entre estos no habia ni sombra de disciplina. Todo hombre de valia queria ser jefe, jefe de partido o jefe de partida, y se entró en el terrible régimen de los *caudillos.*

En el curso de aquellas primeras luchas formáronse poco a poco las ideas de las clases directoras sobre la soberania popular, la igualdad ante la ley, y la separación de los poderes legislativo, ejecutivo y judicial.

A imitación de los Estados Unidos, se buscó primero un federalismo provincial, muy opuesto a los hábitos centralizadores del gobierno español y muy propenso a la anarquia.

O'Higgins agotó todas las tentativas posibles para establecer el órden y la unión, y finalmente se vió obligado a abdicar delante del ejército sublevado del General Freyre. Despues de cinco años de anarquia militar, el poder pasó a manos de los liberales, que votaron la constitución de 1828, no solamente federalista, sino ultra-democrática, y el poder central quedó poco menos que anulado.

De aqui provino una reacción conservadora encarnada en la persona de un hombre de autoridad, Diego Portales, que se impuso como amo, con su partido, en 1830, haciendo nombrar un gobierno presidido por el General Joaquin Prieto, y convocando una Convención nacional. De sus trabajos comunes salió la constitución de 1833, hábil combinacion de principios generales y de disposiciones inspiradas por las circunstancias.

Dicha constitución se proponia restringuir las libertades locales y fortificar el poder central, dando al Presidente de la república mas derecho que a un rey constitucional, por ejemplo, el de suspender en ciertos casos el ejercicio de la Constitución y de todas las leyes, facultad que seguramente habria servido mucho, tres años antes, a Carlos X y a su ministro el Principe de Polignac. Tambien instituyó la Constitucion un Senado de veinte miembros, elegidos por sufragio de dos grados y un consejo de Estado cuyos miembros eran todos nombrados por el Presidente. Para conservar los grandes propietarios y su influencia se restablecieron los mayorazgos, convirtiendose muchas propiedades rurales en verdaderos feudos donde los indigenas vivian reducidos a la condición de semi-siervos.

El presidente Prieto cuidó de explicar por un mensage que se repudiaban todas las utopias para no tomar en cuenta mas que el estado politico y social *verdadero* del pais, a fin de asegurar el órden y la tranquilidad. Ahora bien, casi toda la riqueza era agricola, y la masa, totalmente ignorante estaba secularmente acostumbrada a obedecer ciegamente a las autoridades, de suerte que el poder iba, de hecho, y por largo tiempo a encontrarse en manos de la clase superior, descendiente de los españoles establecidos en Chile. Es decir, que aquella pretendida democrácia no era mas que una oligarquia.

Sin embargo, por la fusión siempre posible entre el elemento español y el elemento indigena más sano, se renovaba la clase superior.

Por la constitución de 1833, redactada, en gran parte por el jurisconsulto Mariano Egaña, que habia residido muchos años en Inglaterra, no solo se aseguró la unidad del Estado chileno, sino que se cerró, al fin, la era de las aventuras. Con libertades sin freno inscritas en las leyes y con perpétuas revoluciones, no corria riesgo el Estado de rápida disolución? Los hechos han probado que los legisladores de 1833 vieron con claridad el problema. En noventa años, la paz se ha perturbado tres veces, pero el gobierno ha podido todas ellas ó mantener o restablecer prontamente su autoridad.

Por espacio de cuarenta años, desde 1831 hasta 1871, el Presidente, nombrado por cinco años, y reelegible una sola vez, ha visto siempre renovado su mandato, de modo que cada uno de ellos ha gobernado diez años, manteniendo en el poder al partido conservador.

Bajo los dos Presidentes Prieto y Bulnes, el elemento civil se impuso al militar, el ejército se penetró del verdadero sentido de su misión nacional, y la reputación del pais se afirmó mas y mas en el extranjero por el escrupuloso cumplimiento de los compromisos contraidos, sobre todo en materia financiera. La ocupación principal de los gobernantes fué hacer elecciones, la candidatura oficial floreció abiertamente, y si bien hubo siempre dos partidos, el ministerial y el de la oposición, ambos se reclutaban en los mismos centros, habiendose convertido la politica en monopólio de un reducido número de profesionales, que se disputaban el poder con un encarnecimiento poco justificado por las diferencias fundamentales de los principios.

Las cámaras daban prueba, generalmente, de ejemplar docilidad. En 1837, con motivo de la guerra contra el Perú, se confirió la dictadura al Presidente Prieto, sin otra limitación que prohibirle condenar a nadie sin intervención de los tribunales. Aquel régimen duró el mismo tiempo que la guerra que terminó felizmente para Chile.

Bajo la administración de Bulnes (1841-1851) el pais entró francamente en las vias parlamentarias. Los asuntos se discutieron libremente en las Cámaras, dando lugar a interesantes debates, en los que se distinguieron eminentes oradores, la mayor parte legistas. En 1848 el partido conservador, a causa, en parte, de los acontecimientos que en aquella fecha agitaban a Europa vió fortificarse a sus adversarios, el elemento obrero se principió a organizar, y sobre todo el partido liberal, que habia crecido como número, puso a la órden del dia su programa: disminuir legalmente el poder presidencial. A la cabeza de aquel movimiento de opinión se puso el publicista y profesor Lastarria.

Encontró, sin embargo, quien le hiciese cara, pues en Chile, como en Francia, el movimiento de 1848 fué seguido de una vigorosa reacción en favor del poder personal. Por espacio de diez años (1851-1861) el Presidente Manuel Montt se esforzó por aplastar las tendencias liberales, y una ley sobre las municipalidades redujo a casi nada su influencia. Sin duda á aquel gobierno fuerte correspondió un período de gran prosperidad, y todas las formas de la riqueza pública se desarrollaron. Al mismo tiempo, gracias al impulso del ministro Antonio Varas, se llevó a cabo una hermosa obra de codificación de las leyes civiles. Sin embargo, en presencia del absolutismo presidencial crecia el descontento entre los políticos, y desde 1857 el Senado adoptó una actitud de resistencia que iba a abrir el camino a las reformas constitucionales.

El nuevo Presidente, José Joaquin Perez (1861-1871), de ideas moderadas y de caracter conciliador fué el hombre de la transición. Para continuar el paralelo con Francia, diremos que en Chile hubo tambien el Imperio liberal, despues del Imperio autoritario. El Presidente llevó a su ministerio algunos diputados de la oposición, intentando reunir todos los elementos moderados en una fusión liberal-conservadora. Redujo la acción de la autoridad presidencial a lo necesario, dejó a a los ciudadanos expresar libremente sus opiniones, criticar los actos del gobierno y reclamar reformas, concedió la libertad de las reuniones públicas y de la prensa. Un nuevo partido se formó, el radical, bajo la dirección de Manuel Antonio Matta; pero sobre todo los partidos turnantes se pusieron de acuerdo para establecer un nuevo equilibrio entre el poder ejecutivo y el legislativo, siendo el primer resultado práctico la prohibición de que en lo por venir se reeligiese a ningun presidente inmediatamente despues de expirar el período de cinco años.

Bajo el gobierno de Federico Errazuriz Zañartu (1871-1876) se verificó, en 1874, la reforma constitucional, que fué bastante ámplia. La libertad individual, las libertades de reunión, de asociación y de enseñanza, que habian sido violadas con frecuencia, se vieron garantizadas, así como la libertad de las elecciones, se suprimió el censo electoral, bastando saber leer y escribir para ser elector, se concedió un voto acumulativo a determinadas categorias y se facilitó la naturalizacion de los extranjeros.

En el Senado y en el Consejo de Estado se introdujeron reformas bastante transcendentales. En vez de un Senado de veinte miembros elegidos por nueve años por sufragio indirecto hubo un Senado más numeroso, elegido directamente por las provincias, en la proporción de un senador por tres diputados, o fracción de dos diputados, y la duración del mandato se redujo a seis años. El número de senadores es hoy de treinta y siete. En cuanto al Consejo de Estado, nombrado antes por el presidente solo, contó en adelante con cinco miembros designados por este, y seis elegidos por el congreso. Los diputados fueron, y son todavia, elegidos por departamentos, a razón de uno por 30.000 habitantes, por tres años. Hoy ascienden a 118.

Al Presidente de la república sigue nombrándole, por cinco años una asamblea especial, elegida el 25 de Julio del año en que terminan los poderes de su predecesor. Un mes más tarde, esa asamblea procede al nombramiento del Presidente de la república [1]. Este vió sus poderes un tanto disminuidos, aunque guardandolos siempre mucho más extensos que un Presidente de la república Francesa, si bien se especificó singularmente que en ningun caso podria conferirsele la dictadura.

Esta constitución de 1833, modificada en 1874, ha merecido que se la cite en el parlamento inglés como « un monumento de sabiduria politica », con motivo del conflicto entre los Lores y los Comunes. Tambien ha hallado fervientes admiradores en los Estados Unidos, en Alemania y en Francia. En 1909 el Principe Luis de Orleans y Braganza escribia en el *Correspondant* : « De todas las antiguas colonias españolas ninguna, despues de su independencia ha obtenido tan pronto como Chile su estabilidad politica completa, y eso lo debe a la solidez de su constitucion ».

Es cierto, que desde el punto de vista social y politico, esta con-

1. Las fechas se cambiaron en 1910 a consecuencia de la muerte del Presidente Montt y del vice-presidente.

tiene disposiciones excelentes. Además de las libertades arriba mencionadas, garantiza « la igualdad ante la ley ; la admisión de todos a los empleos públicos ; la inviolabilidad de todas la propiedades *sin distinción entre las que pertenenecen a particulares o a colectividades* » y declara que en ningun caso cabe confiscar los bienes de quien quiera que sea, ni violar su domicilio.

Cuida tambien de impedir los excesos tanto de la libertad como de la autoridad, y se pone en guardia lo mismo contra un 4 de Septiembre que contra un 2 de Diciembre. El artículo 149 dice: « Toda resolución tomada por el Presidente de la república, por el Senado o por la Cámara de diputados en presencia, o bajo la presión de un ejército o de un general acompañado de tropas, o de un motin popular a mano armada, o en otra forma, es nula de pleno derecho, y no debe surtir ningun efecto », y se añade : « Ningun hombre, ni reunión de hombres, puede atribuirse la representación del pueblo ni arrogarse sus derechos. Violar este articulo constituye una sedición ».

La atención muy vigilante de la prensa impide que esas disposiciones se conviertan en letra muerta.

La constitución dió pruebas de su solidez en las dos grandes crisis de 1891, de que hablaré a continuación, como las habia dado en la de 1910. Aquel año murió el 16 de Agosto el Presidente Pedro Montt, sucediendole sin dificultad el vice-presidente Fernandez Albano que tambien falleció súbitamente un mes más tarde. Conforme a la constitución, le reemplazó el mas antiguo de los ministros, interin se verificaban las elecciones, y todo pasó pacificamente[1].

Se habia franqueado la segunda etapa y ya se aspiraba a establecer un regimen mas democrático cuyo advecimiento parecia

1. Existen numerosos escritos sobre la constitucion chilena, pero yo me he inspirado principalmente en el gran articulo de Alcibiades Roldan, profesor de la Universidad de Santiago, *Desarrollo constitucional de Chile*, en la *Enciclopedia comercial* (Londres 1922), reproducido en el periodico *El Mercurio* del 25 de Marzo de 1923, y además en el articulo de Leonardo Pena en la *América Latina* del 17 de Junio de 1923.

sin embargo aun lejano, porque los liberales iban a conservar el poder largos años.

Con objeto de guardarle mas tiempo no retrocedieron ante los procedimientos que habian echado en cara a los conservadores, es decir, que desde los ministros hasta los últimos empleados toda la máquina gubernamental se puso en movimiento para asegurar el éxito electoral del partido. En cuanto a los conservadores se agruparon en un partido bastante compacto que tuvo la prudencia de no reclamar el antiguo régimen autoritario, aceptando las conquistas de la libertad. En el fondo ambos partidos sufrian la influencia del parlamentarismo inglés, al que tomaron como modelo. Ni siquiera la nueva guerra con el Perú (1879-1883) produjo la suspensión de las garantias constitucionales. En 1885 y 1887 se aumentaron las prerogativas de las autoridades provinciales y municipales. Bajo las presidencias de Anibal Pinto y de Santa Maria, de 1876 à 1886, las principales discusiones, segun llevo dicho, versaron sobre la cuestión religiosa, y ya dejo probado como, a partir de 1886, el Presidente José Manuel Balmaceda habia conseguido apaciguar el conflicto.

Menos afortunado fué en el órden politico, pues los liberales se dividieron, lo que provocó incesantes crisis ministeriales, no permitiendo [tomar ninguna medida útil El Presidente se hizo sospechoso, multiplicándose las interpelaciones, los expedientes y los votos de censura. Las Cámaras pretendian gobernarlo todo, y no sabian gobernarse a si mismas Balmaceda trató de refrenar aquel exceso de parlamentarismo durante los últimos años de su presidencia, y despues emboscado detrás de su testaferro Sanfuentes. El Congreso se disolvió y Balmaceda fué proclamado dictador. El ejército y las grandes ciudades se pusieron de su parte, pero la escuadra y las provincias septentrionales se fueron con el parlamento, bajo la dirección de Errazuriz y de la *junta constitucional de* Iquique. Sólo algunos oficiales de la escuela de guerra se fueron con los constitucionales, y por fortuna suya, el aleman Kœrner, que creia tener motivos de queja contra el Presidente, accedió a tomar el mando. Al cabo de algunos meses, gracias a sus fusiles Mauser y a su habilidad, Kœrner triunfó de las tropas presidenciales, Santiago se sometió, las casas de los principales partidarios de Balmaceda fueron concienzudamente saqueadas y Balmaceda mismo no encontró mas puerta de salida que el suicidio (Noviembre de 1891). Kœrner fué nombrado jefe de Estado Mayor, con el rango de General de división.

El almirante Jorge Montt, candidato liberal, fué elevado a la presidencia, pero no obstante el partido Balmacedista conservó una fuerte situación, como lo probó el entusiasmo que produjo en 1896 una ceremonia fúnebre en honor del jefe del partido derrotado.

Y era natural porque los abusos que se querian suprimir iban agravandose. El primer resultado de la derrota de Balmaceda fué, lo mismo que habia sucedido en Francia, cuando la tentativa del Mariscal de Mac-Mahon el 16 de Mayo de 1877, una notable disminución del poder presidencial y un recrudecimiento de la influencia parlamentaria. Al veto absoluto de que, hasta entonces, habia gozado el Presidente de la república, sustituyó un voto suspensivo : el Presidente no podria en adelante someter a las Cámaras mas que observaciones, y si los dos tercios de los votos las rechazaban, la ley quedaba promulgada en el acto. Se instituyó una comisión permanente de siete diputados y siete senadores que continuaba funcionando en el intérvalo de las legislaturas, investida del derecho de convocar ella misma las Cámaras, siempre que lo juzgase necesario.

Entre tanto, bajo la influencia de los hábiles jefes del partido conservador, Manuel José Irarrazabal y Carlos Walker Martinez, se adoptaron prudentes medidas para atenuar los efectos de aquella primera reacción, concediendo al Presidente el derecho de disolver las Cámaras en ciertos casos, y aumentando aun más las prerogativas de las grandes municipalidades a las que se confió la vigilancia de las elecciones. Se suprimieron tambien, o poco menos, las candidaturas oficiales.

Por desgracia nada pudo poner remedio al gran mal de la instabilidad ministerial. Sin contar las modificaciones parciales se contaron ocho ministerios bajo la presidencia de Jorge Montt

(1891 1896): doce bajo la presidencia de Errazuriz Echauren (1896 1901): diez y siete bajo la de Riesco (1901-1906); once bajo la de Pedro Montt (1906 1910); quince bajo la de Barros Luco (1910-1915); total sesenta y tres ministerios en veinticinco años, es decir, por término medio de dos a tres ministerios anuales. Igual espectáculo se dió de 1915 a 1920, bajo la presidencia de Luis Sanfuentes, y despues de 1920 bajo la de Arturo Alessandri. Invitado a comer en 1922, en Septiembre, me cupo el honor de tener por vecino de mesa al Ministro de Negocios Extranjeros, que llevaba diez meses en el gabinete, y me confesó que en ese tiempo habia tomado parte en tres combinaciones ministeriales, cambiando de cartera, pues se le confió primero la de guerra, luégo la de Hacienda, y últimamente la de Negocios Extranjeros! El parlamentarismo francés se ha quedado a la zaga!

Claro está que semejante estado de cosas no puede prolongarse indefinidamente, y que cuando se llega a ese extremo el régimen camina hacia una crisis en la que debe hundirse, so pena de modificarse profundamente [1].

Los origenes de tal crisis no pueden atribuirse ni a rivalidades de personas, por fuerte que sea el individualismo de la raza española, ni siquiera a causas puramente politicas. Hay que buscarlos en una transformación de la sociedad. Ya toqué esta cuestion a propósito de la Argentina, pero me parece que el problema se plantea con mas claridad todavia en Chile.

Hasta los primeros años del siglo XX los representantes de las clases directoras, y propietarios de las tierras, fuesen conservadores o liberales, han sido los únicos que han gobernado. A pesar de inevitables concesiones a la autonomia provincial o municipal, el Estado permaneció siempre centralizado, concentrándose en Santiago la vida politica, y permaneciendo pasiva la masa, salvo breves accesos de violencia. Hoy todo ha cambiado.

Bajo la administración del Presidente Errazuriz Echaurren, es decir, exactamente al concluir el siglo XIX se liquidó la antigua

1. Ha sucedido la crisis en el año 1924 y se ha concluido por ahora con la caida del presidente Alessandri quien se ha retirado a Europa.

concentración liberal-conservadora que el Presidente Joaquin Pérez logro formar en 1861, y buen número de liberales la sustituyeron por otra con los radicales, bajo el nombre de *Alianza liberal*.

Momentáneamente satisfechos se contentarón al principio con proclamar, teóricamente, ciertas fórmulas pero sin procurar resueltamente su aplicación en la práctica. Fenómeno del que igualmente hemos sidos testigos en nuestro pais, a propósito, por ejemplo de la separación de la Iglesio y del Estado que se estuvó trompeteando desde 1870, y que no se realizó hasta 1905.

Pero los progresos de la clase popular, de una parte, y de otra las dificultades de orden económico iban a obligar á todos los partidos a precisar y a ensanchar su programa *social*. Además, iba a nacer un partido socialista propiamente dicho, con el cual, forzosamente necesitarian contar radicales y demócratas.

El año 1883 que señala la victoria decisiva de Chile sobre el Perú, y la anexión de las provincias septentrionales, sobre todo de Antofagasta y de Tarapaca, ricas en nitratos, vió tambien el principio de una era nueva en la historia interior del pais. Los alemanes y los ingleses se percataron de que habia alli muchos millones que recoger, y armados de piquetas, empezaron a rascar la tierra a más y mejor. Y una vez despertado su apetito pensaron en arrancar á la Cordillera et oro, el cobre y la plata que ocultaba en sus entrañas, pues si bien se conocian las minas desde hacia mucho tiempo, no se explotaban más que parcial y flojamente.

Qué iban a hacer los hijos del pais ante aquella invasión?. Los que poseian capitales se metieron en empresas y compañias, y especularon. Pero qué podian los *rotos*, pobres, los que hasta entonces habian vivido con muy poco, satisfechos de su holganza?. De grado o de fuerza se les convirtió en obreros, porque se necesitaba mano de obra, y en el acto cambió su mentalidad. Segun habia previsto sagazmente desde 1909 el principe Luis de Orleans y Braganza « al enseñarles a trabajar se les dió conciencia de su fuerza [1].

1. La historia de esta evolución la ha trazado de mano maestra el Prin-

En 1907 se ejercitaron por primera vez en el provechoso oficio de las huelgas, y desde entonces las cuestiones sociales se inscribieron en la órden del dia. Y en la órden del dia siguen.

Las últimas eleciones, la presidencial en 1920 y las parlementaria de 1921, infligieron una grave derrota al partido liberal histórico, es decir, al que tanto tiempo habia compartido el poder alternativa o simultáneamente, con el partido conservador o católico.

Los partidos de la izquierda, llamados de la *Alianza liberal*, fueron los que elevaron a la presidencia de la repùblica, el 23 de Diciembre de 1920, a un hombre nuevo, sin alianzas con las antiguas familias chilenas, el Sr. Arturo Alessandri que en su campaña electoral se atrevió a apelar directamente a las masas populares.

Pero las elecciones parlamentarias de 1921 no dieron a aquellos partidos mayoria suficiente para ejercer solos el poder, y se vieron a merced de sucesivas coaliciones. El partido conservador, una de cuyas fracciones ha adoptado francamente al mismo tiempo que los principios del catolicismo social una politica mas democrática, habia reforzado sus posiciones hasta el punto de que durante mi permanencia en Santiago ocupaba con el Ministerio de lo Interior la Presidencia de Consejo[1] en la persona del Sr. Antonio Huneeus, representante de una de las más ilustres familias de Chile. El partido radical habia subido de 36 representantes a 42, el democrático de 5 a 12; y por último el socialista apoyado por los radicales, habia hecho entrar, por primera vez, en la Càmara cuatro de sus miembros.

Por el contrario en el Senado, a pesar de un progreso bastante sensible de la *Alianza liberal*, el antiguo partido liberal conservador llamado de la Union nacional, habia mantenido su predominio.

cipe Luis de Orleans en el *Correspondant* del 10 de Julio de 1909, pàg, 60. Sólo que el principe creia muy lejando todavia el momento en que el *roto* daria el asalto a la omnipotencia de la aristocràcia nacional, mientras que la guerra de 1914-1918 ha precipitado el movimiento.

1. En Chile no hay, propiamente hablando, presidencia del consejo: el Ministro de lo Interior la ejerce de derecho.

Fácil es de comprender que ningun ministerio pueda vivir en tales condiciones, y que todas las combinaciones se gasten ràpidemente. Por la misma razón todos adivinarán las dificultades con que tendrá que luchar el Presidente de la república.

Este me hizo el honor de concederme una audiencia bastante larga el 21 de Septiembre de 1922, en el Palacio del gobierno, rico y suntuoso marco para aquel cuadro. En el centro de una de las paredes se apoya un verdadero trono. Creo innecesario decir que el Presidente no se sentó en él el tiempo que duró mi recepción. El Sr. Alessandri es hombre de maneras sencillas, casi familiares, y sumamente amable. Habla con facilidad y abundancia, y los pensamientos que desarolla sobre los temas más variados prueban que su espiritu es tan claro como fecundo. Despues de haberle dado gracias, lo mismo que habia hecho con el Sr. Irigoyen por la benevolencia que dispensa a las instituciones francesas y en particular a nuestras congregaciones, se apresuró a decirme que él era tambien discipulo de los Padres franceses de Santiago, a los que queria mucho. Me enseñó su biblioteca, formada en su mayor parte por libros franceses, y muy galantemente me señaló el *Manual de economia politica* de mi padre, en el que él habia estudiado como libro de texto. Ya he referido más arriba lo que en otra ocasión se habia dignado manifestarme sobre su actitud respecto a la Iglesia, pero no temió engolfarse en la politica propiamente dicha, explicándome cómo entendia sus funciones y sus deberes de Presidente. Me interrogó con gran detención sobre los poderes del Presidente de la república de Francia, y hube de explicarle cómo la imprudencia cometida el 16 de Mayo de 1877 habia paralizado por largo tiempo en nuestro primer magistrado el ejercicio mismo de los derechos que la constitución le confiere. A lo cual me contestó, apoyandose en el ejemplo del Sr. Poincaré, que un presidente tenia a lo menos siempre el derecho de pronunciar discursos para orientar la opinión. Lo mismo completamente opino yo.

Al hablar asi el Presidente abogaba *pro domo*, porque precisamente acababa de criticarsele por haber arengado a un grupo popular de aparencia sediciosa, que protestaba violentamente contra la actitud del Senado. Esta Asamblea pasaba entonces, a tuertas o a derechas, por opuesta a las miras del Presidente en la eterna cuestión de los territorios de Tacna y Arica, de los que me es necesario hablar algo, si bien el General Mangin, en su hermoso libro *En torno al continente latino*, haya tratado magistralmente este punto, bajo el titulo general de *La cuestion del Pacifico*[1].

Despues de eludir largo tienpo las proposiciones del gobierno peruano, el gobierno chileno se habia al fin resuelto en Diciembre de 1920 a reanudar las negociaciones con objeto de aplicar el articulo 3° del tratado de Ancon relativo al plebiscito de las dos provincias de Tacna y Arica. Chile, que habia ido retrasando dicho plebiscito desde 1894, época en que hubiera debido verificarse, pedia ahora que se recurriese a él en breve plazo. A lo que replicaba el Perú que ese procedimiento debia instituirse por un *arbitrage integro* pues el plebiscito hoy, resultaria falseado, tanto por las muchas expulsiones de peruanos, como por los esfuerzos continuos hechos para *chilenizar* el pais. Esta respuesta parecia indicar que hasta se ponia en litigio la cesión definitiva, hecha en 1883, de la provincia de Tarapaca. El Perú, en efecto, habia tomado parte en favor de los aliados en la guerra de 1914-1918 y le parecia justo que se le aplicase el principio, tantas veces proclamado por ellos, del derecho de los pueblos a disponer de si mismos. Bolivia pretendia por su parte que se abriesen nuevamente los tratos cerrados por el tratado de 1904, y deseaba que se le diese una salida el Pacifico. Chile, por el contrario, no admitia arbitrage mas que sobre las condiciones mismas del acuerdo de 1883[2]. El Pre-

1. Cf. *Correspondant*, 10 de Mayo 1921. Maximo del Campo, ex-ministro de Megocios extranjeros de Chile : *La cuestion del Pacifico y la America latina.*

2. Monseñor Edwards, Auxiliar de Santiago, ha presentado muy ordenadamente la defensa del punto de vista chileno en una carta enviada à Roma dirigida a Monseñor Leite de Vasconcelos, Arzobispo de Damieta, sobre las *Relaciones entre Chile y el Perú*. Dicha carta fué traducida al Francés por el R. P. Cyprien, religioso asuncionista, residente en Santiago, y distribuida en nombre de un grupo de sacerdotes y de religiosos franceses, el

sidente de los Estados Unidos Harding, habia pedido a las dos potencias que enviazen plenipotenciarios a Washington.

En el curso del año 1921 no se habian aun serenado los ánimos. Cuando en el mes de Julio celebró el Perú el centenario de su independencia, Chile, que habia organizado y equipado la escuadra libertadora, no fué invitado a las fiestas. Al terminar estas, el General Mangin, se transladó a Santiago del 3 al 6 de Septiembre, particularidad que no contribuyó a facilitar su misión.

Pocos dias despues de aquella visita, un profesor de la Universidad de Santiago, el Sr. Carlos Vicuña Fuentes, publicó una carta invitando a Chile, en nombre de la justicia y de la paz, a devolver al Perú los territorios de Tacna y Arica, y a ceder a Bolivia la provincia maritima de Taracapa. Asi decia, se establecerian para siempre relaciones de estrecha amistad entre las tres repúblicas. Inmediatamente fue interpelado el Ministro de Instrucción pública, intimandole la necesidad de revocar al profesor Vicuña. La revocación se decidió en un consejo de ministros presidido por el Sr. Alessandri, y de ahi provinieron revueltas universitarias y politicas que agravaron la agitación general. Sabido es que habiendo en 1922 el consejo de la Sociedad de las Naciones elegido Presidente a Don Agustin Edwards, representante de Chile, el gobierno peruano mandó retirarse á su representante, Sr. Cornejo, por considerar que éste no debia dejarse presidir por un hombre de Estado chileno que habia tomado parte activa en el conflicto. A consecuencia de discusiones que duraron desde el 15 de Mayo al 20 de Julio, los plenipotenciarios, reunidos en la conferencia de Washington, llegaron a redactar un protocolo donde se exponian cuidadosamente todos los puntos litigiosos, y se habian previsto todas las hipótesis. En él se aceptaba el arbitrage del Presidente de los Estados Unidos, quien debia decidir si para ejecutar las disposiciones del articulo 3° del tratado,

13 de Mayo de 1923. Su objeto es hacer comprender en Francia que « Chile en la cuestión de Tacna y Arica defiende la causa de la verdad, del derecho y de la justicia ».

tendrian los paises interesados, en las circunstancias actuales, proceder a lo previsto por dicho articulo. En el caso en que el árbitro optase por el plebiscito, determinaria al mismo tiempo todas sus modalidades. Si, por el contrario, opinaba que el plebiscito no procedia, los paises interesados discutirian directamente sobre la soberania del territorio, poniendose desde aquel momento de acuerdo para solicitar, si era necesario, los buenos oficios de los Estados Unidos.

Aquel protocolo se sometio a la aprobación del Perú y de Chile con la claúsula de que las ratificiones deberian cambiarse en un plazo de tres meses. El parlamento peruano dió su asentimiento sin tardar. El chileno discutia el asunto en los dias que estuve en Santiago, y a pesar del secreto oficial se afirmaba en el público que el Senado formulaba reservas. Asi fué, en efecto, pero al fin el Congreso, formado por las dos Cámaras reunidas, votó la ratificación, y las memorias de los dos paises respectivos pudieron enviarse a Washington.

No era aquel espinoso asunto, ni mucho menos, la única causa de las dificultates del Presidente Alessandri y de la crisis politica.

Desde muchos meses antes, Chile, que habia gozado los últimos años de una prosperidad sin precedentes, sufria de una crisis financiera y económica bastante grave. El deficit financiero reclamaba una transformación del sistema tributario, la creación de nuevas tasas, y sérias economias, cosas todas impopulares en cualquier pais, pero mas que en otros en Chile, donde es tradicional eludir en todo lo posible el cumplimiento del deber fiscal. Nadie ignora que los principales recursos de Chile provienen, desde el doble punto de vista del comercio y de la Hacienda, de la explotación de los nitratos o salitres, de la región septentrional, entre Pisagua y Chañaral. Esta explotación representa el cincuenta por ciento de las exportaciones chilenas, y por los derechos que pesan sobre esas exportaciones, el setenta por ciento de las rentas del Estado. Ahora bien, la excesiva elevación de los precios, la concurrencia de los abonos artificiales, y la disminución de las necesidades de Europa, despues de acabada la guerra, conspiraron sinmultáneamente a producir una rebaja considerable, si bien en Septiembre de 1922, la disminución de los precios de venta fué causa de que aumentaran un poco las compras.

Igual baja se observó en la produción del cobre y otros productos mineros. Chile habia sido largo tiempo el primer productor de cobre del mundo, aunque no suministrase anualmente arriba de 10 a 12.000 toneladas de metal. A partir de 1850, y más aun de 1883, la afluencia de capitales americanos permitió ampliar la explotación de las minas, entre las cuales sobresalia como la mas desarrollada la de la región de Tarapaca y de Antofagasta. La guerra de 1914 provocó un salto prodigioso hacia adelante, alcanzando la producción de 1917 su punto culminante 102.527 toneladas, pero muy pronto, enseguida del armisticio, bajó a 63.930, si bien es cierto que volvio a subir en 1920 a 94.531.

La inevitable consecuencia de esta disminución en la producción y en la venta, fué el paro de gran número de obreros. En 1921 el gobierno tuvo que proveer a la subsistencia de 20.000 de estos. Al mismo tiempo, en Chile, como en todas partes, la vida encarecia, y en igual proporción aumentaban las pretensiones de los obreros, hasta el punto de que, a pesar del paro las huelgas se sucedian sin interrupción, una detrás de otra.

Ya se dejaba sentir este malestar social en el momento de la elección presidencial de diciembre de 1920 y en su resultado influyó, a lo menos parcialmente.

El partido socialista se ha fortificado y ha ganado terreno. La *Federación obrera* de Chile es hoy una pujante organización, con la que hay que contar. El gobierno ha presentado a las Cámaras, en 1921, un proyecto de *Código del trabajo*, obra personal, en gran parte del Presidente Alessandri.

A medida que la enseñanza primaria se difunda, aumentará el número de lectores, y se afirmará la preponderancia de las clases populares. Cuàn lejos estamos del régimen oligárquico de **1833**! No basta esto para probar qué soberana imprudencia cometerian los católicos si llegaran a desinteresarse de la educación intelectual y social de este pueblo, que tan largo tiempo habia permanecido pasivo?

CAPITULO VI

La Sociedad.

Sean las que fueren las modificaciones de orden social verificadas en Chile durante un siglo de vida nacional, no se ha constituido allí todavia la clase media. Hoy lo mismo que hace quince años, cuando la visita del Principe Luis de Orleans y Braganza, « el burgués chileno no es más que un mito, o a lo sumo un ser esencialmente provisional, sin sitio marcado en el organismo del pais. Siempre continuan frente a frente la masa popular de una parte y de otra la clase superior, que constituye la « sociedad ».

Largo tiempo esta clase superior se reclutó entre los propietarios del suelo que generalmente dirigian ellos mismos la explotación de sus vastos dominios, dentro de los cuales la aristocracia chilena llevaba vida laboriosa y patriarcal. La revolución de 1810 y la guerra de la independencia habian podido, ciertamente crear un Estado nuevo, rodeándole de la aureola del valor y de la libertad, pero no habian tenido más que un alcance politico. Las instituciones sociales y religiosas, las costumbres, la vida de familia, habian continuado invariables, marcadas siempre profundamente con el sello de la vieja España.

Santiago era la unica gran ciudad, obra de tres siglos, en la que todo hablaba del pasado, y que en 1875 no contaba aun con mas de 115.000 habitantes. Allí tenian su asiento las principales instituciones; allí florecian el lujo, la vida intelectual, las distracciones mundanas y la pasión de la politica.

Hoy la capital es — prescindiendo de sus tristes arrabales — una ciudad elegante y magnifica, que se embellece de dia en dia, bajo la dirección de un verdadero artista y gran administrador, el intendente Alberto Mackenna Subercaseaux, amigo personal del Presidente Alessandri. Con él por guia visité el soberbio paseo de San Cristóbal, que domina a toda la ciudad, y que el intendente cuida amorosamente. Tambien acaba de rodear de un verde cinturón la ciudad, que ya adornaban por otra parte la Alameda de las Delicias, con sus seis filas de árboles y sus lindas casas, el cerro de Santa Lucia, peñasco de 70 metros de altura, que surge en el centro de la ciudad, coronado por los restos de la antigua ciudadela, donde se yergue la estatua de Valdivia, el fundador de Santiago, y por último los dos grandes parques del Florestal y de Cousino. Dicese de este intendente que es un « enamorado de los árboles »! Lástima que no venga a administrar a Paris! Santiago, sin reproducir el tipo de las ciudades cosmopolitas de las dos Américas, es una ciudad moderna, que cuenta hoy con cerca de medio millon de habitantes, y en la que se han acumulado inmensas riquezas. En ella están representados todos los sistemas y todas las ideas, y sin embargo está todavia ligada al pasado por fuertes lazos, lo cual constituye su encanto y su originalidad.

Una « manzana », es decir, un grupo de muchas « cuadras », o aglomeración de casas, reconcentra aun hoy dia, a determinadas horas, toda la vida politica, económica y social del pais. Esa parte de la ciudad está comprendida entre la Plaza de Armas y las calles Ahumada, Estado y Huérfanos. Alli se codean los hombres politicos y los mundanos, los industriales y los financieros. Alli se tratan los negocios, lo mismo los del Estado que los de las compañias y de los particulares, con gran frecuencia entre dos aperitivos o dos copas de Champaña. Alli se encuentra el famoso Circulo de la Unión que apenas cuenta con quinientos miembros, pero representando lo mas activo y lo mas elegante de la sociedad Chilena.

El encanto de la vida de sociedad en Chile, y sobre todo en Santiago, es el tema favorito de todos los que han visitado aquel hermoso pais. Y con razón. En ninguna parte del mundo se recibe al extranjero amigo, con mayor gracia, más elegancia, más exquisita cortesia, y, si el caso lo requiere, más discreto y sincero entusiasmo. Parece como si los huéspedes que os agasajan quisieran dar a entender que, aislados en un extremo del mundo, consideran vuestra visita como un honor y como una alegria, y multiplicando las atenciones tienen la suprema elegancia de daros las gracias que a ellos son debidas.

Segun ya he dicho, a propósito de la residencia presidencial, el escenario mismo de la recepción es agradable y distinguido. Las casas son generalmente, de estilo español, con un solo piso, distribuído alrededor de uno o dos grandes patios, con plantas, sobre los cuales se abren todos los cuartos, sin más ventanas que la puerta de cristales. Tal era por ejemplo la residencia donde la venerable y encantadora Señora de Barros Luco me dió la más afable y cordial hospitalidad. Algunas casas, en los barrios nuevos, o rejuvenecidos, presentan un tipo más moderno. A causa de los terremotos son muy raras las que amontonan pisos sobre pisos. Los muebles son de buen gusto, los servicios de plata numerosos y ricos, sin exceso de ornamentación, y las admirables flores — Chile posee infinitas variedades de las más hermosas — transforman en jardines las mesas y las habitaciones.

La más alta distinción caracteriza a la sociedad que se dignó abrirme sus puertas. No puedo permitirme citar nombres propios por el temor de parecer que omitia algunos, pero si diré que me sorprendió singularmente el elevado tono de las conversaciones en la mesa, asi como los extensos conocimientos que presuponian en la mayor parte de los convidados y de los gustos de artistas y de letrados que revelaban. La atmósfera era ciertamente mundana, pero constantemente se percibia el fondo sério y cristiano de la vida, el espiritu de familia, el respeto y hasta el amor de la religión. El espiritu y el alma quedaban por igual satisfechos.

Tal es la vieja sociedad chilena! Dios quiera que un soplo demasiado democrático no venga a vulgarizarla y a mancharla!

Las mujeres chilenas son, como las argentinas, profundamente religiosas. Casi todos los dias se las ve salir, en las primeras horas de la mañana para oir misa, arrollado a la cabeza el tradicional « manto » de castos y airosos pliegues. En Santiago, como en Buenos Aires, las obras de caridad embargan buena parte de su tiempo, siendo inmumerables sus iniciativas benéficas. Más libres, a lo que parece, que en la Argentina, salen solas a la calle, aun siendo jóvenes, y reciben visitas. Participan en todas las fiestas y dirigen la vida mundana, haciendo los honores de la casa con gracia exquisita. Lo cual no obsta para que sean mujeres consagradas a sus maridos, y madres de familia perfectas que no temen tener numerosos hijos. « Esposas irreprochables, madres incansables », se ha dicho de ellas. Alli, como en otras partes, se prueba la exactitud de la frase tan linda como verdadera de René Bazin : « Do quiera que hay un hogar feliz, hay una mujer que se olvida de si misma ». Yo creo que en Chile hay muchos hogares felices.

No he tenido la suerte, durante mi estancia demasiado breve en Santiago, de frecuentar muchas señoritas, y me seria dificil establecer un paralelo entre ellas y sus hermanas de Buenos Aires, de Rosario, de Santa Fé, de Córdoba o de Tucuman, pero lo que si he oido decir es que alli se las mira mucho menos que en la Argentina. Al caer de una tarde tuve ocasión de verlas, como en Tucuman, entregarse al *flirt* nacional, y casi pudiera llamarse ritual, del *pololeo*. Entre las cinco y las siete de la tarde, alrededor del jardincillo que ocupa el centro de la plaza de armas, dan vueltas, en sentido inverso, muchachos y muchachas. A cada vuelta *pololo* y *polola* se cruzan dos veces, cambian una larga mirada, y continuan el paseo. Cuando la muchacha se cansa, hace una señal, y se aleja por una de las aceras. El muchacho toma la otra, y sigue hasta su domicilio a su Dulcinea que, desde la ventana le lanza una mirada. Y al dia siguiente se repite la función. Cuando ya llegan a hablarse, se convienen los desposorios, convirtiendose el *pololo* en *novio*, y la *polola* en *novia*, aventurándose en el « camino real del matrimonio ». Los padres apenas intervienen en el asunto, pero lo mismo que en Buenos Aires, y más todavia, todas las familias de la sociedad se conocen, y saben a qué atenerse las unas sobre las otras.

Cultivase mucho la educación, y en las familias acomodadas no es raro que los hijos y las hijas vengan a terminarla a Europa, acompañados por la familia. Paris, principalmente, ejerce atracción invencible sobre Chile. Despues todos regresan a la patria, para reanudar la vida tradicional. Se puede juzgar de la cultura general no sólo por las conversaciones de mesa o de salón, sino por la asiduidad a las conferencias de todos los que gozan de alguna libertad. En ellas el público es numeroso, inteligente, y mucho más animado que en otras partes. Personalmente yo estoy muy agradecido a los que, varios dias seguidos, me han formado brillantes auditorios, manifestando asi sus simpatias por nuestra patria.

Esas simpatias son vivisimas. Sin duda el chileno guarda gratitud a los alemanes por los servicios que han prestado a su pais. Ellos han instruido su ejército, despues que nosotros rehusamos al gobierno, que nos lo habia pedido, una misión militar francesa, ellos han dado hombres de valor a la ciencia y a la enseñanza; ellos han colonizado laboriosamente una parte del Chile meriodonal.

Pero el chileno, español ante todo está mucho mas cerca del francés que de cualquiera otro europeo, por razones de temperamento y de cultura.

Lo cual me lleva al último punto de este estudio.

CAPITULO VII

Las Influencias francesas en Chile.

En el almuerzo que, al dia siguiente de mi llegada a Santiago, me ofreció nuestro distinguido ministro, el Sr. Lefeuvre-Méaulle, el entonces presidente del Consejo de ministros chileno, Sr. Antonio Huneeus uno de los tipos más acabados de esa sociedad que acabo de describir, en lo que tiene de más delicado de más fino y de más simpático, me dirigió un brindis significativo, autorizando su publicacion oficial, parafraseando muy galantemente algunos de sus puntos, con perfecto dominio de nuestra lengua.

Véanse sus palabras :

« Sed bien venido Monseñor. En Vuestra Grandeza vemos el misionero de la latinidad, de la Iglesia, y de Francia.

« Sangre francesa ha regado el suelo de nuestra patria para hacerla independiente.

« Vuestros escritores, vuestros profesores fueron los maestros de nuestros abuelos, que nos hicieron libres.

« Vuestras instituciones civiles han sido el molde donde se ha fundido nuestro código.

« En nuestros dias la industria francesa ofrece generoso concurso a nuestra marina de guerra y a nuestras fábricas.

« A consecuencia de la más terrible prueba de la historia, el mundo latino está ahora afrontando sufrimientos y mortales incertidumbres, que ponen en juego a la civilización occidental y a la cristiandad.

« La distancia no disminuye nuestra gratitud, y nosotros los pueblos sud-americanos, que Francia ha contribuido a educar en su espiritu y a ilustrar con sus luces, tenemos a gala ofreceros el concurso de nuestra naciente actividad, para reconstituir el mundo con las fuerzas sanas de Europa, en una gran colaboración internacional por el derecho, el trabajo y la libertad.

« Podeis decir a los hombres ilustres que hoy rigen los destinos de Francia, que aqui se os admira y se os ama, que los Chilenos y los extranjeros establecidos entre nosotros, trabajan, se instruyen y prosperan, iguales en fraternal tolerancia, y por fin, que todos profesamos profunda gratitud a los ciudadanos franceses y a las Congregaciones francesas que se han consagrado a la enseñanza y al progreso de nuestra patria ».

Todo está en esas breves palabras : las influencias francesas que presidieron a los primeros desarrollos de Chile independiente [1], sobre todo en el órden de las ideas y de las instituciones ; los concursos industriales y financieros ; la comunidad de un ideal de derecho y de libertad, facilitando las colaboraciones ; y por último, la actual participación de ciudadanos y religiosos franceses en el progreso económico y moral de la nación chilena. Voy a desarollar las ideas precedentes. Con esto dejo dicho de antemano que no comparto la opinión emitida con cierta ligereza por el Principe de Orleans y Braganza de que la sola influencia real de Francia en Chile consiste en la seducción que ejerce Paris [2]

1. Sobre este asunto de las influencias francesas hay que leer a George Lafond : *El esfuerzo francés en la América latina*, Payot, y *La Francia en América latina*, Plon, 1922.

2. En el *Correspondant* del 10 de Agosto de 1909, escribe el Principe, páginas 452-453 : « *Medianos colonizadores... pobres parias* » etc. etc, y añade : Quiere esto decir que Francia debe resignarse a que no la representen en el nuevo mundo más que peluqueros, modistas y damas de costumbres ligeras? » El Sr. Enrique Lorin ve las cosas con más claridad. En su articulo de la *Revue des Deux Mondes*, del 1° de Enero de 1912 dice, y

Corre mucha sangre francesa por las venas de los chilenos ? Menos, seguramente, que por las de los argentinos. Desde tiempo inmemorial, sin embargo, la colonia francesa ha sido importante en Chile, y muchos de sus representantes se han establecido allí para siempre, haciendo chilenos a sus hijos. Lo mayor parte de nuestros emigrantes, lo mismo que en la Argentina, proceden de la región pirinaica, del Occeano al Meditarráneo, y sobre todo del país vasco. Aun hoy dia los viticultores chilenos hacen venir a franceses del Bordelés, del Languedoc y hasta de Borgoña, para cultivar sus viñas, o instalar sus bodegas. Algunos de los nuestros han adquirido viñedos y es constante el cambio entre Francia y Chile. Cuando un vasco regresa a su pais, envia siempre un jóven para reemplazarle. El 18 de Septiembre de 1911, segun nos cuenta el Sr. Enrique Lorin, vió ochenta americanos de los Bajos Pirineos reunidos en Cambo, para celebrar en un banquete la fiesta nacional de Chile.

En Chile, como en la mayor parte de las repúblicas sud-americanas los franceses tomaron parte activa en las luchas militares que crearon la nación. Ya las obras de los economistas y de los filósofos franceses del siglo XVIII habian preparado el estado de espiritu que hizo la emancipación posible. En el periodo de la organización los juristas, los autores de las leyes se inspiraron en nuestros códigos y en sus comentadores. Andrés Bello, que redactó en 1851 el código civil chileno, no dejó pasar ninguna ocasión de proclamar « la minuciosidad, la precisión y la claridad » del código civil francés, al que se ajustó todo cuanto pudo en su propio trabajo. Hoy mismo las bibliotecas están compuestas en gran parte con nuestros libros de derecho y de economia politica. En la biblioteca de la Facultad de derecho de Santiago, sobre cien volúmenes hay setenta y cinco franceses. Un profesor de economia politica de la Universidad de Burdeos, el Sr. Sauvaire-Jourdan

prueba (el articulo se titula *Impresiones de Chile*) en cuatro páginas, que « contrariamente a lo que se cree entre nosotros comunmente, Francia está representada en Chile por una colonia importante, colonia en la que figuran muy pocos no valores y desprestigiados ».

— citado por el Sr. George Lafond — decia una vez : « Cuando se visita el bufete de un abogado chileno, se parece entrar en el despacho de un abogado francés : en la biblioteca, encima de la mesa, al alcance de la mano, para poder consultarlos a cada paso, se amontonan nuestros libros de derecho, nuestros manuales de derecho civil, y hasta nuestros grandes tratados de jurisprudencia, citados con frecuencia en los tribunales chilenos ».

En cuanto a los grandes movimientos de ideas nacidos en Francia, en el siglo XIX, pronto tuvieron su repercusión en Chile. Si Augusto Comte no adquirió una influencia tan preponderante como en el Brasil, y por largos años, sin embargo fundó alli escuela. Lastarria, Bilbao, y Bello adoptaron su doctrina como base de su enseñanza, el primero con tal ardor que los hombres de Estado conservadores, Portales, Bulnes y Montt, le consideraron peligroso y le desterraron. Refugiado en Francia, Lastarria prosiguió su propaganda por medio de sus *Lecciones de filosofia positivista*, obra doctrinal que presenta la concepción de una organización de los poderes publicos, de los derechos del individuo y de las relaciones de la Iglesia con el Estado, conforme con los principios de Comte. Los presidentes Santa Maria y Balmaceda se declararon tambien discipulos suyos, y en sus actos se inspiraron de sus puntos de vista.

En los últimos años del siglo XIX y en los primeros del XX, al lado de la nuestra, pero aventajándola de mucho, se desarrollaron la influencia inglesa y la alemana. Buena culpa tuvo de ello la timidez de la libreria francesa. Por una libreria nuestra, en Santiago, se encuentran cuatro inglesas y dos alemanas, y lo mismo en Valparaiso y en Concepción. En la región del norte no hay más que librerias inglesas. Naturalmente todas venden tambien libros franceses, pero empiezan por traer antes los de su pais, y recomendarlos. Asi en 1913, el año que precedió a la guerra, Inglaterra habia importado a Chile 346.246 volúmenes. Alemania 201 420 y Francia 101.780. Hoy el alto precio del libro francés le hace inaccessible para muchos, y con frecuencia vienen de Alemania hasta nuestros clásicos.

Donde Francia ha conservado la primacia es en las artes. Un pintor francés, Monvoisin, que fué a Chile en 1844, puede considerarse como el fundador de la escuela chilena. En torno suyo se agruparon muchos discipulos de talento y a sus esfuerzos se debe la creación, en 1849, de la Escuela nacional de Bellas Artes, cuya dirección se confió, sin embargo a un pintor italiano, Alejandro Cicarelli. Otro compatriota nuestro, Augusto François, fué el primer director de la Escuela de escultura. Estas Escuelas, asi como la Academia de Bellas Artes, debieron incorporarse a la Universidad en 1858. El nuevo Palacio de Bellas Artas de Santiago, está inspirado en nuestro « Petit Palais », y fué construido bajo la alta dirección del Sr Alberto Makenna Subercaseaux, a la sazón subsecretario de Estado en Instrucción Publica. Despues de haber reunido los créditos necesarios, el Sr Mackenna vino a Francia para buscar aqui obras dignas de figurar en aquel edificio. Visitó nuestros museos, nuestras exposiciones, los talleres de nuestros artistas, y finalmente llevó a Chile un conjunto imponente en el que se admiran, al lado de reproducciones de las más hermosas piezas de nuestros museos, gran número de las obras más caracteristicas de nuestros pintores, escultores y grabadores contemporáneos.

Del orden intelectual pasemos al económico. No fué un francés el ingeniero Wattier, el que explotando la idea de otro francés, Prudhomme, utilizó directamente el combustible vegetal, incluso la madera verde, y pudo asi fundar y hacer prosperar el primer establecimiento metalúrgico de la América del Sur ? Aquella iniciativa abrió a Chile el camino de un magnifico porvenir industrial. Desde entonces ingleses, y americanos del norte vinieron a aprovecharse de los ensayos de nuestros ingenieros y a amplificar su obra. Llegarà un dia que Chile no sólo proveerá a todas las necesidades de su industria, sino que se colocará en el primer rango de las provincias exportadoras de hierro y de acero, y si permanece fiel, como hasta ahora, al recuerdo de los beneficios que ha recibido, no olvidará que debe a la iniciativa de franceses esa posicion privilegiada.

Una sociedad francesa ha llevado a cabo el dificil trabajo del alcantarillado de Santiago. Empresas francesas son las minas y fábricas de cobre de Chañaral, de Natalgua y de Catemon, asi como los Altos Hornos y las acerias de Chile. Recientemente dos franceses, los Sres. Duhart, hermanos, fundaron una solidisima societad carbonifera. Compatriotas nuestros son proprietarios de terrenos mineros de 2.000 hectáreas en la provincia de Arauco, donde poseen ademas tierras lavorables molinos y destilerias de alcohol. Mas importante aun, por la extensión de las tierras y la variedad de los cultivos, son los dominios del Conde de Fels, en la provincia de Valdivia, administrados hoy por el S° Max Fontaine Por último, hay casas o compañias francesas que ejecutan importantes trabajos públicos, participando do este modo, segun indicaba el Sr. Huneeus, sea a la defensa, sea a la explotación de Chile. Asi por ejempló, la construcción del astillero en el arsenal de Talcahuano se ha concedido a los Sres. Allard, Couvreux, Dolfus, Wirriot y Sillard, por la suma de 24 millones de francos, la construcción de las obras exteriores del puerto de San Antonio por 20 millones a la casa Galtier, y el ferro-carril longitudinal de Chile, por 100 millones a la Administracion General de Trabajos públicos.

No deja de ser interesante recordar que una familia francesa, la del Sr. Charpentier, es la sucesora de Robinson Crusoe en las islas de Juan Fernandez, cuyo gobernador es un francés, naturalizado chileno, el Sr. Durand y que, gracias a la ayuda de otros dos franceses, el Sr. Ernesto Fontaine y el. Sr. Luis Recart, se ha organizado en gran escala la pesca de la langosta, que pulula en aquellos mares, entregando asi al consumo de Chile y de la Argentina más de seis mil langostas al mes. Magnifico ejemplo de iniciativa individual.

Forzoso nos es, sin embargo, reconocer que en Chile y en la Argentina la industria y el comercio franceses eran más prósperos antaño que ogaño. El comercio francés que largo tiempo se mantuvo en el primer puesto, despues del inglés, bajó en 1914 al cuarto, por haberle tomado la delantera los Estados Unidos y Alemania. Ya habia empezado su descenso antes de concluir el reinado de Napoleón III, y en estos últimos años algunas empresas desastrosas habian hecho disminuir nuestro crédito. La instabilidad de los cambios ofrece formidables inconvenientes para nuestras relaciones comerciales con Chile. Se pueden además dirigir aqui a nuestros procedimientos las mismas censuras que en la Argentina y el Uruguay. El gobierno se interesa poco en lo que hacen por aquellas tierras nuestros compatriotas, y estos a pesar, de insistentes peticiones, no logran siempre — ¡ tan timidos son los comerciantes en Francia ! — obtener que se les envien los géneros reclamados por su clientela. Por añadidura en vez de tratar directamente con el productor, nos ponemos en manos de intermediarios. Ejemplo : nuestra agricultura y nuestra industria consumen anualmente cerca de 400.000 toneladas de nitratos chilenos, lo que representa, por termino medio, un valor de 80 millones de francos. Ahora bien, efectuamos esas compras por un intermediario, exclusivo, un sindicato británico que tiene su sede en Londres. Cómo extrañarnos de que para los chilenos los ingleses representen la potencia industrial y financiera que hace vivir y prosperar a las provincias salitreras del norte ? De igual modo nos servimos demasiado de Bancos extranjeros, siendo asi que en Santiago existe el *Banco Francés de Chile*, correspondiente de la *Sociedad General y del Banco Francés e Italiano para la América del Sur* ! ! Es bien poco ! !

La *Cámara de Comercio francesa de Valparaiso* ha publicado en Agosto de 1922 instrucciones muy correctas y muy preciosas sobre los medios de aumentar en Chile la exportación francesa de articulos manufacturados.

Las conclusiones de aquel escrito son las siguientes .

« Es de urgente necesidad :

« 1º — No contentarse con esperar, en Francia, los compradores de las casas extranjeras.

« 2º — No intentar vender en el extranjero sin el intermediario de un representante. Tener, pues, donde quiera que se pueda un agente y una sucursal permaneciendo fiel a este agente sin procurar depues trabajar directamente con la clientela, lo cual seria injusto y muy peligroso pues querer prescindir de un representante sobre el terreno es casi siempre exponerse a graves disgustos en el momento de los pagos.

« 3° — Proveer a su representante, sin parsimonia, de numerosas muestras, o mejor todavia de un verdadero « stock ». Si es posible ir a verle para visitar juntos la clientela y estudiar sus necesidades y sus gustos.

« 4° — Entregar el género con rapidez y puntualidad, conformàndose estrictamente a las muestras aceptadas.

« 5° — Poder conceder a la clientela créditos a plazo bastante largo.

« 6° — Tener un representante, de preferencia francés, y en todo caso que no pertenezca nunca a una nacionalidad cuyos productos hagan competencia a los nuestros ».

Un publicista francés, el Sr Mauricio Gandolphe, enviado a Chile por el periódico *La Liberté*, con motivo del centenario de la Independencia, en 1910, preguntaba al nuevo Presidente de la república, Sr Barros-Luco, si estaba dispuesto a seguir una politica francesa : « Pero, respondió directamente el Presidente, a vosotros, los franceses, es a quien compite hacerlo, cuando venis aqui : de lo que nosotros nos quejamos es de no veros bastante. Venid a lo menos a proponernos las cosas francesas que a veces os asombrais que nosotros no descubrimos. Personalmente yo abrigo el vivisimo deseo de que se multipliquen nuestras relaciones con Francia. Facil os será persuadiros por vosotros mismos de que aun queda por hacer mucho en ese sentido, y de que por nuestra parte estamos dispuestos a acoger vuestras iniciativas [1] ».

El Sr Barros-Luco tenia mucha razón. La influencia más fecunda y más eficaz de un pais sobre otro, la ejercén, aparte de las grandes corrientes de ideas, los nacionales de aquel pais establecidos en el otro como en una patria de elección. Seguramente los hués-

1. Articulo de *La Liberté* del 26 de Enero de 1911, citado por Fernandez Pradel, « Chile despues de cien años de independencia », p. 88.

pedes de paso pueden ejercer una acción momentánea sobre la opinión, pero el trabajo diario está en manos de los huéspedes estables, y por ellos principalmente se juzga la nación a que pertenecen.

Consagraré, pues, algunas pàginas a la colonia francesa de Chile y a las Congregaciones religiosas que alli se entregan a las obras de enseñanza y de caridad.

Qué es esta colonia francesa? El hombre tan perfectamente distinguido, lo mismo por sus maneras que por su ingénio, que ha elegido como presidente el Sr. Conde de la Taille, me lo decia el 20 de Septiembre de 1922, al presentarme, en Santiago 350 de los miembros que la componen :

« Puede decirse que todas las ramas de la actividad nacional de este pais, cuya franca hospitalidad habeis podido ya apreciar, se hallan representadas entre nosotros.

« Efectivamente Vuestra Grandeza tiene delante hombres de ciencia, profesores y artistas, industriales y comerciantes, agricultores, artesanos, y terminaré por los que son siempre los primeros en la brecha : los sacerdotes y los soldados.

« Si, Monseñor, soldados, soldados sin glorioso uniforme, pero soldados durante cuatro años de una guerra, en la que han tomado parte mas de dos mil de los nuestros. Cerca de doscientos han muerto por aquella Francia que algunos de ellos ni siquiera habian visto nunca, pero a la que sin duda amaron siempre mucho. Bien lo probaron.

« Nuestra colonia, Monseñor, la forman tambien las madres, las hermanas, las esposas, que comparten nuestros éxitos y que en la adversiddad nos sostienen. Por otra parte no son ellas las que enseñan a nuestros hijos el dulce nombre de Francia, haciendoles rezar por ella ?

« A nuestra colonia pertenecen igualmente esas santas mujeres, (cuya modestia es causa de que no figuren en esta ceremonia) que bajo las niveas tocas o bajo el negro manto, ocultan una abnegación sin limites hacia los pobres, los enfermos, los ancianos, los huérfanos, o que dan pruebas de una experiencia nada común en el arte de enseñar y de formar a la juventud.

« Tales son, Monseñor, los elementos de nuestra colonia. Cuando, con la bondad que os caracteriza, me hayais permitido no mencionar sus defectos — Quien no los tiene? — y cuando os haya asegurado que todos esos diversos elementos viven en buena y sincera unión bajo la ilustrada y paternal dirección de nuestro amable ministro, creo que habré dicho todo lo que me proponia decir ».

Despues de haber señalado, con palabras demasiado benévolas, la importancia que él se dignaba atribuir a mi visita a Chile, el Conde de la Taille concluia en estos términos :

« Señoras, Señores : Seamos tambien nosotros buenos misioneros de Francia. Ese es el primero de los deberes que nos incumbe a los franceses de ultramar.

« Defendamos la verdad, cosa harto facil, pues basta para ello dar a conocer nuestro pais tal como es, con sus cualidades tradicionales, suficientemente sólidas y bastante numerosas para impedirnos caer en la tentación de negar sus defectos, si bien hemos de cuidar de no exagerarlos.

« Refutemos el error, venga de donde viniere, y combatamos en todas partes, con todas nuestras fuerzas y siempre la mentirosa propaganda de nuestros enemigos de ayer, que evidentemente continuan hoy siendo nuestros adversarios.

« En la lucha, ya que lucha ha de haber siempre, seamos justos, que es la mejor manera de ser fuertes, y tratemos de merecer tambien nosotros este judicio emitido sobre Monseñor Baudrillart por un conocedor de hombres : « Nunca faltó a la verdad para glorificar a sus compatriotas, ni a la justicia para combatir a los enemigos de Francia ».

« Asi serviremos bien a nuestro pais, asi haremos nuestra la vieja divisa : lo primero, Francia ! ! »

Esos sentimientos animaban a todos los presentes, y si algunos franceses habian guardado ciertos resabios del espiritu que reinaba antes de la guerra, con su deseo de unión patriótica se abstuvieron de manifestarlo. No se olvide, por ejemplo, que la *logia francesa* habia suspendido sus reuniones.

Ya antes de 1914, entre 1909 y 1912, se habia iniciado este espiritu de unión.

Nuestros compatriotas de Chile habian construido, a gastos comunes, un « hogar francés », casa de retiro para ancianos y convalecientes, y hasta un « mausoleo » en el cementerio, monumento común para todos los franceses que no tenian tumba de familia.

Recordaré tambien que tuve el placer de encontrarme un antiguo discipulo de la Escuela Massillon y del R. P. Nouvelle (con el que no habia interrumpido nunca su correspondencia) llamado el ingeniero Joannon, que rodeado de su bella familia, me dirigió las mas cristianas y patrióticas felicitaciones.

En el almuerzo que me ofreció el comité *Francia-América* pude apreciar la importancia de la obra en que trabajan juntos nuestros amigos chilenos y los representantes de nuestra colonia. Nada más caracteristico, desde este punto de vista, que los brindis del Doctor Puga, presidente, del ministro de Hacienda D. Guillelrmo Edwards Malte y del Sr Carlos Silva Vildosola.

Tan calurosa y conmovedora fué la recepción que me dispensó el 26 septiembre el Club de Valparaiso! Cuantas exquisitas atenciones se me prodigaron! Llegado poco antes de las doce de la noche, no me proponia pasar arriba de seis o siete horas en el Hotel Real, donde me alojaba. Pero me habian preparado un piso episcopal, con un reclinatorio, un crucifijo, imágenes religiosas, muy bien escogidas y por supuesto flores, muchas flores, que ponian en toda la estancia una nota alegre y brillante. Homenaje tributado a nuestra colonia y a su union con los habitantes de la grande y magnifica ciudad maritima que se estiende, por escalones, sobre las abruptas colinas que la cercan y que tanto desearia ver con más frecuencia ondear nuestro pabellon en su rada.

« Estais rodeado, Monseñor, me dijo el elocuente y patriótico consul, Sr Le Lorrain, de los miembros más distinguidos de la colonia francesa y la sociedad chilena. Unos y otros simpatizan sinceramente, simbolizando de modo armónico la sólida amistad que une a Francia con Chile. Casi en los antipodas de vuestro pais habeis podido observar que los chilenos se parecen extraordinariamente a los franceses. Tienen las mismas cualidades y los mismos defectos, defectos que, con frecuencia, resultan muy simpàticos. Nuestras banderas llevan los mismos colores — azul, blanco, rojo — y flotan más que otras muchas, al soplo glorioso de la victoria. Las mujeres chilenas, como las francesas, son esposas modelos, madres de familia admirables, que saben educar a sus hijos en el sagrado culto de la Patria. Por último, el pueblo chileno, como el francés, es alegre, ingenioso, enérgico y valiente. Del mismo modo que los aldeanos franceses del 92 partieron de sus casas con zuecos para defender las fronteras, el *roto* chileno saldria descalzo, si era preciso para salvar a la Patria amenazada. Aqui, como entre nosotros, la misma fé patriótica hace palpitar los corazones y los eleva hacia lo alto. La semejanza es tan perfecta, que no nos sentimos desterrados cuando habitamos este pais hospitalario, donde hasta los vinos son tan generosos como los vinos de Francia.

« Persuadido estoy, Monseñor, de que la colonia francesa piensa como yo, y por eso se muestra digna de la hospitalidad que recibe. Profundamente unida, respetuosa de las leyes del pais, cordialmente adicta a su consul, da el ejemplo del orden, lo mismo en el hogar que en los negocios, y honra el nombre de Francia. Durante la guerra, ha cumplido virilmente su deber patriótico, derramando, sin escatimar lo mas minimo, su sangre y su oro. Los *poilus*, entre los cuales hay algunos grandes heridos, han vuelto a ocupar su sitio en los trabajos de la paz, con la misma sangre fria con que se revelaban en las trincheras. Estaban abrumados por la dolorosa solución de continuidad de la vida de campaña, por las enfermedades y las heridas, pero afrontaban la lucha por la vida con igual serenidad que afrontaban el enemigo. Aqui, como allà abajo, son dignos del triunfo. Añadiré, Monseñor, y esto os interesarà especialmente, que los miembros de nuestra colonia que dependen de las autoridades eclesiasticas, sacerdotes seculares, Hermanos de las Escuelas cristianas, religiosos y religiosas se distinguen por las altas cualidades tradionales en el clero francés. Mencionaré particularmente las Hermanitas de los Pobres y nuestras admirables Hermanas de San Vicente de Paul, cuya incansable bondad alivia tantas misérias humanas. Donde quiera que están, donde quiera que pasan, dan verdaderamente a conocer el alma caritativa de la madre patria : hacen amar a Francia! »

Con que emoción, al salir de aquella reunión fraternal, recibi el abrazo que, en nombre de todos los franceses, se dignó darme el venerable decano de la colonia, el Sr. E. Fontaine (88 años) agente del comité de Aseguradores maritimos, y de la oficina *Veritas* !

No ; la colonia francesa de Chile no merece el juicio más que desdeñoso que sobre ella formuló, en 1909, el Principe Luís de Orleans y Braganza.

« Hacen amar a Francia ! ! » Estas palabras pronunciadas por el Sr. Le Lorrain a propósito de las Hermanas de San Vicente de Paul y de las Hermanitas de los Pobres las he oido pronunciar, respecto a todas nuestras congregaciones, por cuantos me han dirigido alguna arenga, fueran chilenos o franceses No fueron tambien las últimas del brindis del Sr. Huneeus ?

En el *Te Deum* de la victoria, que coronó en la iglesia de los Asuncionistas franceses de Santiago, los regocijos públicos con que se celebró el armisticio del 11 de Noviembre de 1918, Monseñor Edwards, capellan superior castrense del ejército chileno, que habia querido presidir la ceremonia, terminó asi su alocución : « Los religiosos y religiosas de Francia son en Chile los mejores agentes de propaganda francesa, y ellos son los que nos han enseñado a los chilenos a amar a Francia. »

Segun opinión de nuestro ministro y de todos nuestros agentes, este es un hecho que nadie puede poner en duda. Nuestros congregacionistas trabajan en los colegios, en las misiones y en los hospitales, con la palabra y con la pluma. Para no contentarnos con vagas afirmaciones, vamos a tratar, apoyandonos en los mas auténticos documentos, de establecer la verdadera situación de nuestras congregaciones francesas en Chile.

Son estas quince, siete de hombres y ocho de mujeres, que cuentan con un total de ciento cinco casas. Desgraciadamente, por consecuencia de un reclutamiento francés insuficiente, debido a nuestras leyes, necesitan en cada una de esas casas hacerse ayudar por religiosos no solamente chilenos, lo cual es natural y casi obligatorio, sino por extranjeros, sobre todo españoles, belgas y holandeses. A pesar de eso, en la mayoria de las casas domina el elemento francés, y en todas el espiritu francés. En el otoño de 1922 la cifra de los congragacionistas franceses era, aproximadamente, de 570.

Los *Redentoristas*, establecidos en Valparaiso, en San Bernardo, en Cauquenes y en Los Angeles, poseen cinco casas y cincuenta religiosos, treinta de ellos franceses, y se dedican a misiones y a la predicación. Aseguran el servicio y la enseñanza religiosos en los grandes talleres dirigidos en Santiago por los Hermanos de las Escuelas cristianas.

Los Padres del Santisimo Sacramento, en su iglesia de Santiago, mantienen un ardiente foco de devoción, y no se olvidan de Francia.

En Santiago y en Valparaiso los *Lazaristas* tienen tres casas en las que trabajan treinta religiosos, 17 de ellos franceses. Predican y dirigen una pequeña escuela apostólica, destinada a su propio reclutamiento. Uno de ellos, delegado de la *Propagación de la fé*, recorre Chile en todos sentidos y ha sido siempre un agente muy sério de nuestra influencia.

Los *Asuncionistas* se encuentran en Santiago, en Valparaiso, en Concepción, en Talcahuano, en Lota, en Rengo y en los Andes. Sobre 36 religiosos, 30 son franceses de nacimiento, y todos lo son — con cuanto ardor! — de sentimientos y hasta de aspecto. Regentan muchas parroquias, predican misiones, dirigen obras y redactan revistas. En todas partes se esfuerzan por difundir las mejores ideas francesas. En Santiago su convento, su iglesia y su « gruta de Lourdes » han sido siempre el principal centro de las manifestaciones en honor de nuestro pais. El domingo 24 de Septiembre celebré yo capilla pontificia al aire libre, delante de la gruta. La pureza del cielo era admirable, los árboles frondosos estaban ya cubiertos de hojas; sólo faltaba el murmullo del Gave, mezclado con el canto de los pájaros, para que nos creyésemos en el mismo Lourdes. Al evangélio hablé, empuñando el báculo en la mano, y cubierta la cabeza con la mitra, y despues presidí una hermosa procesión. En el almuerzo en casa de los Padres, vibrante brindis del superior, y otro del ministro de Bélgica Sr. Charmanne. El alma de esta casa es el Padre Cyprien (el que habia ido a buscarme a los Andes) que goza en Santiago, donde le acogen las mas ilustres familias de una considerable autoridad, prestando a la causa francesa los mas insignes servicios. No podrá decirse, ni de el ni de sus hermanos, que descuidan la causa católica. Preguntad al arzobispo de Santiago y os responderá que los Asuncionistas han evangelizado y civilizado un arrabal popular de la capital, que pasaba antes por un antro de bandidos, donde nadie se arriesgaba a entrar sin ir armado.

Las órdenes docentes francesas son, para los niños, en número de tres.

Los Hermanitos de Maria, no tienen más que cinco casas, donde el elemento francés se encuentra hoy casi sumergido por el español.

Todo lo contrario sucede con los *Hermanos de las Escuelas cristianas*, que no dirigen menos de catorce casas de educación, entre ellas una Escuela Normal y muchos colegios importantisimos. Sobre 129 hermanos, 86 son franceses. En Chile, como en todos los paises, estos hermanos han dado siempre pruebas del más ardiente patriotismo. No sólo en sus colegios, sino hasta en sus escuelas primarias el estudio del francés es obligatorio, y poseen verdaderamente el arte de inculcar a sus alumnos el amor a nuestro pais. En Santiago visité su inmenso establecimiento, designado con el nombre de *Talleres de San Vicente* que tiene por objeto formar obreros. Su director, el hermano José, universalmente conocido en Chile, donde es popularisimo, ha sabido desarrollar hasta tal punto el espiritu francés que durante la guerra muchos de sus jóvenes obreros pidieron alistarse en el ejército francés y algunos han muerto a la sombra de nuestra bandera. El chacó de sus jovenes músicos, con su plumero azul, blanco y rujo, parece un simbolo viviente. Sabedor de todo esto asisti con sentimientos de profunda gratitud a la comida que siguió a mi visita, y que tuvo lugar en la Escuela Normal, y en la que celebré lo que los Hermanos de las Escuelas cristianas han hecho en el extranjero por la religión y por Francia, lo que ellos mismo han recibido del extranjero, y finalmente las razones que tenemos para esperar que pronto reanudarán su obra en la madre patria. ! Ay ! Cuanto hace esperar la madre patria su respuesta !.

En Valparais volvi a ver a esos queridos hermanos, pero alojados muy estrechamente en su establecimiento, que ha sufrido mucho de los terremotos, y que reclama de nosotros una subvención bien merecida.

En la enseñanza secundaria el primer puesto siguen ocupándole siempre los Padres de los *Sagrados Corazones,* o de Picpus, conocidos allá con el significativo nombre de « Padres franceses ». Uno de ellos el Padre Adalberto Maury, fué, con el Padre Cyprien mi amable guia en Chile. Bien ganado tienen ese nombre de Padres franceses por su largo pasado de adhesión a Francia, pero sufren más todavia que los otros de la clausura de sus casas y de sus noviciados en nuestro pais Su gran colegio de Santiago cuenta ya con una cuarta parte de profesores de origen belga y holandés, y en Valparaiso y Concepción, los franceses són inferiores en número a los chilenos y españoles reunidos. ! Según las últimas estadisticas no quedan actualemente más que 26 franceses sobre 72 religiosos. Ya durante la guerra habia gentes que les echaban en cara una lamentable neutralidad. Quien tiene la culpa más que los que no dejan manar la fuente de la influencia francesa ?.

Nuestra colonia de Valparaiso ha lanzado un grito de alarma, invitando al consul a transmitir al Presidente del Consejo una súplica para reclamar, en favor de los Padres de Picpus el derecho a abrir en Francia y en sus colonias casas de reclutamiento y de formación. A aquel documento se añadió otro, emanado de una altisima autoridad eclesiástica de Valparaiso en que se recordaban los innumerables servicios prestados por dichos Padres desde el 7 de Febrero de 1827, fecha de su llegada a la ciudad y más aun desde 1837, fecha de la fundación de su colegio. Más de seis mil estudiantes, venidos no sólo de Chile, sino tambien del Perú y de Bolivia, han recibido alli la enseñanza del francés, y de modo tan perfecto y tan práctico qqe todos le hablan como su segunda lengua materna. Los métodos eran tan excelentes que el Estado ha resuelto pura y simplemente adoptarlos Hoy ese colegio cuenta con más de mil alumnos, y si se consulta la lista de los antiguos causa asombro el gran número de personajes que figuran en ella y que han desempeñado, o desempeñan en la actualidad los más altos cargos eclesiásticos, civiles, militares y navales. En los cursos de derecho, anejos al establecimiento, se forman casi todos los abogados de la región. « Esos numerosos jóvenes, añade el autor de la nota, guardan profunda simpatia hacia sus maestros, y su gloriosa patria, como pudo comprobarse el dia de la celebración del armisticio en Valparaiso Jamás habian visto los Padres bajo sus ventanas una manifestación mas cálida y mas espontánea en la que alternaban los vivas a Francia con los vivas a los Padres franceses, nombre con el que son conocidos en todo Chile los Padres de los Sagrados Corazones ».

Idéntico lengaje escuché, el dia que sali de Santiago, de labios del R. R. Jaffuel, superior del colegio de aquella capital, con motivo del banquete que me ofreció. Sentados a la mesa habia cerca de cien convidados, todos antiguos discipulos, y entre ellos cuántos mienbros del gobierno, del Episcopado, de las Cámaras, de la magistratura !, y todos habian dado recientes pruebas de su profundo cariño al colegio francés. El 7 de Enero de 1920 el fuego habia destruido en media hora el trabajo y el esfuerzo de largos años. En menos de tres meses el Colegio habia podido abrir de nuevo sus puertas a más de quinientos alumnos.

« A quien se debia ese milagro? A millares de antiguos discipulos que acudiendo a nosotros nos habian infundido en el corazón los ánimos y el valor de que estabamos necesitados, y nos habien puesto en la mano el importe de la mas generosa suscricion nacional, que jamas se ha visto en Chile. Ahi está todo nuestro secreto y todo nuestro método. Dando a conocer la lengua y la historia de nuestro país, haciendo de nuestros discipulos nuestros amigos, estamos seguros de ganar amigos a Francia. Habrá otros métodos, pero no creemos que ninguno sea mejor. ¡ Cuán dificil seria amar a una causa si no se empieza amando a sus representantes ! ».

Dejarán el gobierno y el parlamento francés, con corazón ligero, que se apague este foco de influencia francesa? La locura seria tanto mayor cuanto que en Santiago mismo, está tomando incremento el foco alemán.

Séame permitido recordar que por haber sencillamente dicho esto mismo en una « intervieu » y añadiendo — lo cual se me húbiera debido agradecer — que esos colegios de los Padres del Verbo divino merecian ser apreciados por su excelente disciplina y sus buenos métodos, teniendo además la envidiable fortuna de estar sostenidos por el gobierno de la madre patria, aquellos buenos religiosos me cubrieron de injurias en su piadoso boletin *El Semanario*.

No me asombré porque *El Semanario* era el único órgano de la prensa argentina que habia intentado soliviantar la opinión contra mi viaje por la América del Sur. Digamos todo esto para restablecer la verdad, sin espiritu de animadversión contra nadie, y deseemos que unos y otros sirvan bien a la religión.

Los alemanes tienen dos colegios en Santiago, uno religioso, para los jóvenes de la aristocracia, y otro laico, para las clases menos elevadas de la población chilena y alemana.

La misma influencia que los Padres alemanes tienen sobre los niños, la ejercen sobre las niñas las Hermanas alemanas. Estas religiosas, conocidas bajo el nombre de *Hermanas de la Caridad cristiana de la Inmaculada Concepción*, cuentan en Chile con catorce casas, seis de ellas colegios.

Ocho son las Congregaciones francesas de mujeres que hay en el pais. La más numerosa y la más influyente es la de las *Hijas de la Caridad*, con treinta casas, entre las cuales once colegios muy florecientes. Las otras son hospitales, pues todos los grandes establecimientos hospitalarios de la capital les están encomendados. Tambien encontramos las *Hijas de la Caridad* en Valparaiso, en Concepción, en Curico, en Los Andes, en Rancagua, en San Fernando, en Viña del Mar, en Chillán y en Los Angeles. Sobre 207 religiosas, 107 son francesas, y arrastran a las otras a su órbita.

No puedo recordar sin conmoverme la recepción que me hicieron, primero en Santiago. La tarde del domingo 24 de Septiembre, me esperaban todas reunidas, en el vasto patio tan bien plantado del hospital Borja. Habian venido de todas sus casas de la ciudad, y con ellas los lazaristas y sus novicios. Por todas partes flotaban los tres colores de Francia y de Chile. En los aires se balanceaba un globo, en forma de gallo, en simbolo de la vieja Galia. En toda la carrera las niñas arrojaban flores a mi paso, como se hace delante del Santisimo Sacramento en la fiesta del Corpus. Para la merienda sirvieron una pieza de reposteria en forma de libro, con este titulo: *Conferencias de Monseñor Baudrillart*. Pronuncié un discurso al aire libre, el segundo del dia, teniendo en nada dos alocuciones y un brindis; visité a los enfermos, y di la bendición del Santisimo.

En Valparaiso volvieron a festejarme en su asilo del *Salvador*, ardiente foco de patriotismo francés durante la guerra, y despues de esta. En su iglesia, magnificamente decorada e iluminada, celebré la misa por nuestros gloriosos muertos, y escuché los cumplimientos de los niños. Despues, en el mismo establecimiento, en el gran salón, delante de un auditorio atento y emocionado, expuse el papel de Francia en la crisis de que sufre el mundo desde 1918.

Al lado de las *Hijas de la Caridad*, *Hermanas de los Sagrados Corazones*, establecidas en Santiago, en Valparaiso, en Viña del Mar y en Concepción, con cinco colegios en los que viven sesenta religiosas, y donde es obligatorio el estudio del francés. Innecesario es decir si allí se ama a Francia. En Valparaiso una niña, rompiendo las filas, con gran valentia se encaró conmigo y me dijo : « El año pasado el Sr Gautherot, profesor del Institudo católico de Paris, vino a vernos, le recité la fábula *El Ratón de la ciudad y el del campo* y me prometió un libro, que no he recibido todavia » A estas fechas la niña estará tranquila, pues me consta que el Sr. Gautherot ha cumplido su promesa.

Les *damas del Sagrado Corazón* poseen dos casas en Santiago, y tuve singular placer en conversar con ellas, pero sus discipulas estaban de vacaciones.

En las *Hermanas de San José de Cluny*, sobre 106 religiosas hay 72 francesas. Sus siete casas, tres hospitales y cuatro colegios, se hallan en Santiago, en Quillota, en Los Andes, en Melipilla y en Iquique. En Santiago y en Iquique, donde me he encontrado con ellas, he sentido vibrar su alma bien francesa.

Las *Hermanas de la Providencia de Grenoble* dirigen en Santiago el *Colegio francés de niñas*, cuyo Padre espiritual es el R. P. Cyprien. Todas las clases se dan en francés. Su actividad se ejerce sobre todo en la parte meridional del pais, en Concepción, en Chillan, en Parral, en Coquimbo, en Taltal, en Ovalle, en San Javier, en Loncomilla y en Mulchen. Su lote son tres colegios, siete hospitales, dos escuelas gratuitas y un asilo para los niños pobres. De 74 religiosas, 72 son francesas y sus discipulas parecen sentir hacia nuestro pais un amor igual al que le profesan las buenas Madres.

Las *Hermanas de la Inmaculada Concepción de Lourdes* y las *Hermanas del Niño Jesus*, se han instalado recientemente, las primeras en Valparaiso, donde han abierto un pequeño colegio, que he visitado, aunque no con la detención que yo hubiese querido, y las segundas en Lota, donde dirigen una escuela para niños indigentes.

Las *Hermanitas de los Pobres* se hacen amar, lo mismo que en Francia en sus cuatro casas, dos de ellas en Santiago, una en Concepción y otra en Viña del Mar, donde tuve ocasión de verlas, con sus ancianos, algo mas detenidamente que en Santiago. Cuarenta y cinco de ellas son francesas, y Monseñor Edwards opina que si se fueran seria imposible reemplazarlas.

CAPITULO VIII

CONCLUSION

Gracias a estos elementos tan lealmente franceses, Francia ocupa en Chile un puesto distinguido.

Los chilenos aprecian la formación francesa, y acuden con placer a los colegios dirigidos por nuestros compatriotas. Prefieren llamar a franceses para conferencias, para predicaciones, para la dirección o redacción de sus Revistas, y hasta los acogen de buen grado en muchos de sus servicios públicos y en algunas profesiones liberales.

Puesto distinguido, si, pero cuánto mas eminente podria ser todavia ! !.

Nadie ignora que en este pais, a pesar de que realmente se nos ama, las opiniones germanófilas han prevalecido, sin embargo, durante la guerra. Sin que esto quiera decir que nuestros verdaderos amigos hayan nunca ocultado las simpatias que les inspirábamos. Muchos han repetido, por lo menos a media voz lo que Don Alberto Mackenna Subercaseaux se habia atrevido a proclamar muy alto :

« Los gobiernos tienen derecho a conservar una neutralidad, reclamada por necesidades politicas o económicas, pero los individuos nacidos independientes y libres, tienen el deber de investigar de qué lado está la verdad, y cuando lo hayan descubierto, permanecer neutral seria una cobardia ».

Y a pesar de las hostilidades y de las sonrisas sarcásticas, el Sr Mackenna continuó imperturbable su campaña espiritual en favor nuestro.

En Valparaiso ilustres marinos, como los Almirantes Nef y Fontaine, o el Intendente Don Alberto Phillips, se mostraron tan obstinadamente francófilos.

Hoy todo el mundo quiere haberlo sido, y en ninguna parte he oido discursos más vibrantes en favor de nuestro pais que en Chile. Para explicar este cambio no basta invocar la movilidad de un pueblo impresionable, ni el atractivo que ejerce la victoria.

Ya he dicho más arriba las causas de la gratitud de los chilenos a los alemanes. Añadiré que en todos esos paises de la América del Sur, donde se ha sufrido tanto por excesos de individualismo y de independencia, se admiran la disciplina, la organización y los métodos germánicos.

Por último, reconozcamos que tenia razón el distinguido periodista que, al terminar mi estancia en Santiago, quiso explicarse a fondo sobre esta cuestión de la germanofilia de la sociedad chilena, germanofilia debida menos al amor hacia Alemania que al temor experimentado por los chilenos católicos y tradicionalistas de ver algunas ideas francesas, entonces triunfantes, implantarse en su pais ».

(Editorial de El Diario Ilustrado, el 25 de septiembre).

El éxito espléndido que Monseñor Alfredo Baudrillart ha tenido en su rápida visita à Chile es un acontecimiento que merece comentario.

La sociedad entera, representada por los hombres de Estado, por los intelectuales, por las grandes familias y por la juventud, le ha hecho extraordinarios homenajes. Tan vasta ha sido la acogida social, que las manifestaciones especiales de sus connacionales, los miembros de la colonia francesa, y de sus compañeros de estado, los miembros del clero, han quedado como confundidas en medio de la demostración general.

A sus conferencias ha acudido tan enorme concurrencia, que los locales han quedado estrechos. Y, más que por el número de los asistentes, las conferencias se han hecho notar por la impresión del auditorio: en todas ellas, entre Monseñor Baudrillart y sus oyentes, se produjo comunicación de pensamiento, de sentimientos y de entusiasmo, de suerte que milles de chilenos se han sentido sacudidos con las vibraciones que agitaban al poderoso espíritu y al generoso carazón del orador francés.

Pero, por sobre todo, Monseñor Baudrillart ha conseguido algo de mayor trascendencia que lo que acabamos de anotar; en realidad, ha hecho culminar entre nosotros un gran movimiento de immensa simpatía y de amor hacia Francia o, mejor dicho, ha provocado un estallido de entusiasmo por Francia.

Nada de esto nos extraña; es propio de los hombres superiores ejarcer influencias sorprendentes.

El gran prestigio la alta fama de Monseñor Baudrillart, primer miembro de la Academia Francesa que visita a Chile, la fuerza penetrante de su talento, el poder de su oratoria, su venerable respetabilidad, sus virtudes ejemplares y esa influencia dominadora que poseen los intelectuales que a la vez son hombres de acción, todo ese conjunto de cualidades que se reunen en Monseñor Baudrillart, era natural que produjera el resultado que anotamos.

Pero, creemos que también ha influido otro factor.

*
**

Monseñor Baudrillart ha producido un immenso movimiento de simpatía y de amor a Francia, ha provocado un estallido de entusiasmo por Francia.

Pero, evidentemente, mucho antes del rápido paso de Monseñor Baudrillart por Chile existían entre nosotros ese amor a Francia que ahora se mueve y ese entusiasmo que ahora estalla, existían hondamente arraigados en corazones chilenos.

Los religiosos de los Sagrados Corazones, llamados por antonomasia los Padres Franceses, han formado a miles de miembros de la clase dirigente chilena, inculcándoles el amor a Francia; los chilenos educados por los Padres Franceses, esparcidos por todas las actividades y por toda la extensión del país, cultivan el amor a Francia casi como un segundo patriotismo.

Los Agustinos de la Asunción, los Lazaristas, los Sacramentinos, los Redentoristas, los Hermanos de las Escuelas Cristianas y Maristas, unos en la predicación, otros en las misiones, otros en la enseñanza, y todos con su labor benéfica y con el aprecio de que gozan, han hecho propaganda francesa y han conseguido que su patria sea especialmente amada.

Por otra parte, la colonia francesa, laboriosa, activa, honrada, inteligente, llena de simpatia, colaboradora eficiente de nuestro progreso nacional, ha hecho siempre verdadera propaganda y constantemente ha conquistado cariños a Francia.

Y, finalmente, Erancia misma, por virtud propia, sabe hacerse admirar y querer del mundo.

Existían, pues, el amor y el entusiasmo a Francia que se ha movido y ha estallado al contacto de la presencia y de la palabra de Monseñor Baudrillart.

*
**

Desgraciadamente, hubo un tiempo en que imperó en Francia una politica que queremos olvidar.

Los chilenos que tal vez más hondamente querían a la Francia, los que habían sido educados en el amor a Francia, veían que en Francia se hostilizaba lo que era objeto de sus más caras afecciones, veían que en Francia se combatía lo que para ellos era más sagrado, veían que en Francia se perseguía a quienes les habían enseñado a amar a Francia.

Essos chilenos seguian amando a Francia; no podrían dejar de amarla porque los habían educado en el amor a Francia: la amaban tal vez más que antes, como suele ocurrir cuando, al amar, se sufre.

Pero, así como callaban la manifestación de su sufrimiento, callaban también la manifestación desu amor.

Por eso, hubo un tiempo en que, equivocadamente, se creyó que había disminuído en muchos chilenos el amor a Francia.

Por eso, tal vez, algún mal observador pudiera creer que el paso de Monseñor Baudrillart ha hecho formarse la simpatía y ha hecho nacer el entusiasmo, siendo así que sólo se trata del rebrotar de un árbol que siempre fué exuberante y el llamear de un fuego que siempre estuvo encendido.

⁂

La « Unión Sagrada », la concordia de los franceses, la nueva política de armonía y de paz, quitó la pesadumbre y trajo regocijo a los chilenos que un tiempo callaron su sufrimiento y su amor y que ahora manifiestan su amor y su alegria.

Este ha sido uno de los principales factores del actual movimiento de entusiasmo por Francia.

El movimiento ha tenido illustres obreros que lo han preparado y, entre ellos, es preciso mencionar al conde de La Taille y, especialmente, a los dos últimos Ministros de Francia, al señor Gilbert y al señor Meaulle, hábiles diplomáticos que han sabido rodearse de prestigio y simpatia.

Monseñor Baudrillart ha hecho culminar el movimiento en un estallido de entusiasmo : lo ha hecho culminar con el poder de su prestigio y su palabra y con lo que, siendo Obispo, significa su venida en nombre de la Francia, venida que en consecuencia es como un emblema de unión sagrada de paz y de armonía.

Un celebre politico anticlerical francés dijo que el anticlericalismo no era un buen articulo de exportión.

Monseñor Baudrillart, cuando regrese a Francia cargado de laureles, podrá testificar que la demostración de paz religiosa es el mejor de los artículos de exportación francesa.»

Podemos y debemos aprovecharnos de este cambio de opinión. Se trata de conquistar no simplemente la clase alta, que ya posee una cultura francesa, sino la clase popular que, según he demostrado empieza a representar un papel político, y de la que va a salir, inevitablemente, una clase media, que hasta ahora ha faltado a Chile. Y hay que confesar que esa clase popular, compuesta de mestizos araucanos y españoles, no conoce puede decirse nada de Francia.

Cómo conquistarla ?. La única política posible en Chile es la política de clientela. Cualquiera, sea individuo, sea colectividad, que consigue abrirse camino, y crearse una situación puede estar seguro de que afluirán los clientes a buscarle. Los amigos de Francia y los agentes de nuestra influencia no deben de perder nunca de vista esta consideración.

A pesar de honrosísimas excepciones, la colonia francesa en Chile, exceptuando Santiago y Valparaiso, donde me ha parecido notable, está insuficientemente representada. Debemos aspirar a que vayan a enriquecerla hombres de valor, bastante animosos para emprender y para perseverar, trátese de agricultura, de minas, de industria o de comercio.

Importa igualmente sacar mejor partido de las congregaciones que enseñan y de las que predican. Las cualidades que sobresalen en el pueblo chileno, según se me ha hecho observar con frecuencia, son la sensibilidad y el corazón. Hay que saber hablarle, pues es dócil, y aun en la masa popular todavia un tanto infantil. Para ejercer sobre él una acción profunda, lo mejor es recurrir a las obras populares de educación. Con la enseñanza y la educación moral, facilmente se despertarán en él simpatias hacia Francia, que ya dormitan en el fondo de su naturaleza. Repito que aprecia a los alemanes, pero por instinto no los ama, porque los encuentra muy diferentes de si mismo, mientras que cuando un francés habla a su corazón, el chileno reconoce enseguida el alma común.

Nuestras congregaciones, sobre todo las más populares, parecen designadas para llevar a cabo esta misión, tan bella como útil para ambos paises. Ahora bien, hasta el dia de hoy, por más que haya habido de parte de esas congregaciones iniciativas muy generosas, y hasta derroche de fuerzas, han carecido de dirección general, y sobre todo de la ayuda necesaria. El gobierno francés ha afectado ignorarlas demasiado tiempo.

Asi, por ejemplo, cuando la declaración de guerra, fueron llamados a filas todos los Hermanos de las Escuelas Cristianas, y todos partieron, debiendo como consecuencia, cerrar un importante colegio que gozaba de gran reputación y constituia un foco de fortisima influencia francesa, no sólo en Chile, sino en toda una vasta región de la América del Sur. Los discipulos, para continuar sus estudios, no tenian otro remedio que entrar en los colegios alemanes. Y asi lo hicieron.

Los alemanes, por el contrario, se han guardado bien de convocar a sus religiosos, lejos de eso, antes y despues de la guerra han suóvencionado sus colegios y facilitado el reclutamiento de los profesores.

Si hiciéramos lo mismo, nuestros colegios prosperarian muy de prisa, en vez de estar condenados a disminuir.

Organicemos, pues, centros de influencia y de instrucción, propios para ganarnos las simpatias de poblaciones muy sensibles, pero por lo mismo muy volubles, que los alemanes intentan reconquistar a toda costa, y sobre las cuales tienen fijos los ojos ingleses y yankees.

El interés de Francia está en juego, pero no lo está menos el de Chile, en su sentido más elevado. Como la Argentina y el Uruguay, sólo conservando sus puntos de contacto con la Europa católica y latina, podrá Chiie continuar siendo lo que ha sido, desarrollarse en el órden intelectual y en el económico. Si no, bajo el nombre de panamericanismo, u otro cualquiera, sufrirá facilmente la influencia de otra civilización, grande ciertamente, pero de base protestante y anglosajona y perderá la hermosa originalidad que ha sabido conservar a través de los siglos, noble flor de la civilización mediterránea, abierta en las orillas del Oceano Pacífico.

Imprimerie Générale de Châtillon-sur-Seine. — Euvrard-Pichat.

www.ingramcontent.com/pod-product-compliance
Ingram Content Group UK Ltd.
Pitfield, Milton Keynes, MK11 3LW, UK
UKHW022059260726
13993UKWH00001B/202

9 782329 195438